LES DANGERS

DE L'HEURE PRÉSENTE

L'EUCHARISTIE

OU JÉSUS-CHRIST PRÉSENT

DEMEURANT ET SE DONNANT DANS CE SACRÉ MYSTÈRE

Par M. l'abbé TERRIER.

1 vol. in-12...... 2 fr. 50.

Extrait du Compte - rendu de la BIBLIOGRAPHIE CATHOLIQUE. — Novembre 1873 :

Le travail de M. l'abbé Terrier se recommande à la fois comme dogmatique, moral et mystique. C'est un traité de l'Eucharistie solidement appuyé sur les preuves traditionnelles, et riche, en même temps, de conclusions pratiques et de pieuses aspirations. Aux premières pages, définition et délimitation du sujet, dont l'ensemble, du reste, se trouve déjà dans le titre. Ensuite, possibilité positive ou convenance du mystère. Ici, de nombreux arguments tirés des sources suivantes : attribution de Dieu, connexion qui existe entre le dogme eucharistique et ceux de la création, de l'incarnation, de la résurrection de la chair ; besoin qu'a l'homme d'entretenir des rapports avec la divinité ; perfection de la foi ; honneur et joie de l'Eglise ; sagesse, puissance, amour du Sauveur, etc. En effet, Dieu, l'homme et la rédemption réclament, en quelque sorte, l'Eucharistie : Dieu pour donner d'une manière digne de lui, l'homme pour recevoir selon ses désirs, la rédemption pour se continuer sensiblement jusqu'à la fin des siècles. Là, tout est conforme au plan divin et aux besoins religieux de l'humanité, tout, jusqu'au voile qui nous dérobe les impénétrables profondeurs du sacrement.

On voit que M. le curé de Ciez a fait une œuvre excellente de tous points. C'est son premier né, dit-il ; heureux présage pour l'avenir !

L'abbé DUPLESSY.

M. l'abbé Terrier a reçu de cinq évêques des lettres de félicitation au sujet de son livre, entre autres celles de Mgr l'évêque de Rodez, de Mgr l'évêque de Quimper. Messieurs les supérieurs des grands Séminaires de Luçon et de Reims l'ont également félicité.

Douai (Nord).— L. Dechristé, imprimeur breveté, rue Jean-de-Bologne.

LES DANGERS

DE

L'HEURE PRÉSENTE

PAR

L'ABBÉ TERRIER

CURÉ DE CIEZ

PARIS

LIBRAIRIE DE VICTOR SARLIT & Cie

19, RUE DE TOURNON, 19

1878

Monsieur le Doyen (*),

Daignez me permettre de vous faire hommage
de cette brochure, comme expression de mon affec-
tueux respect. Puisse cet écrit obtenir du public un
accueil aussi flatteur que celui que votre précieux
ouvrage a trouvé dans le monde savant !

Daignez agréer, Monsieur le Doyen, la nouvelle
assurance de mes sentiments respectueux et
dévoués,

TERRIER.

Ciez (Nièvre), ce 14 février 1878.

(*) M. l'abbé Baudiau, curé-doyen d'Entrain, auteur du *Morvand*,
3 volumes in-8º, 2º édition.

LES DANGERS DE L'HEURE PRÉSENTE

PREMIER DANGER :

L'ATHÉISME LÉGISLATIF.

A l'heure que nous traçons ces lignes, nous assistons à un des spectacles les plus solennels de l'histoire. Deux puissances opposées, le catholicisme et le radicalisme, attirent à elles toutes les forces vives de la France.

Le catholicisme a pour citadelle l'Eglise, — pour chef le Souverain Pontife, — pour combattants les évêques, les prêtres et les chrétiens restés fidèles à Dieu, — pour armes la prière, les sacrements, la grâce divine, et pour objet la vérité.

Le radicalisme a pour citadelle la République, — pour chef le génie du mal, — pour soldats les ennemis de Dieu et de la patrie, — pour armes le mensonge, la calomnie, la liberté de la presse, le suffrage universel, le nombre, et pour objet l'erreur.

Mais, « la vérité est la vie, l'unique cause d'existence de l'homme et de la société. Aussi, dans l'ordre moral, comme dans l'ordre politique, tout tend à la destruction et marche vers ce but, plus ou moins rapidement, selon que la guerre contre la vérité est plus ou moins heureuse, plus ou moins active. Une trop mémorable expérience ne laisse sur ce point aucun doute ; et pour qui ne s'aveugle pas volontairement, il est visible que la Révolution française, si éminemment destructive, n'a dû ce caractère de mort qu'au délire impie de ses promoteurs, qui attaquèrent, avec une rage inouïe, toutes les vérités ensemble (1). »

Arrêtons un instant nos regards sur la société française au XIX° siècle : Quel travail avilissant s'est opéré dans son sein ! La masse des esprits affaissés et perdus, par l'effet d'un sensualisme effréné, qui ne voit plus que les satisfactions grossières de la chair ; d'une presse impie, qui outrage Dieu, l'Eglise, ses ministres, et qui attaque même les principes fondamentaux de tout l'ordre social ; de l'absence de l'esprit de foi d'un si grand nombre de familles ; de l'exclusion, enfin, de la religion dans la politique, dans la législation ; en un mot, dans les institutions sociales ; cette masse, dis-je, chérit les ténèbres, méprise l'autorité, revendique à tout prix la souveraineté ; cette souveraineté du peuple qui, d'un côté, exclut tout supérieur et laisse chaque homme, en particulier, libre ou maître de lui-même ; et de l'autre, comme elle appartient à tous, cette souveraineté doit être la propriété de tous également.

C'est parce que l'autorité peut tout, pour le bien comme pour le mal, que l'esprit révolutionnaire fait mille efforts pour s'en emparer, afin d'être, plus sûrement, maître de la situation. Il sait, en effet, que l'autorité souveraine, restant ce qu'elle doit être, tient, dans la crainte et la soumission, l'autorité des particu-

---

(1) *Essai sur l'Indifférence,* introduction, page 4.

liers qui chercheraient à troubler l'ordre, à renverser le pouvoir, ou par la violence ouverte, ou, plus fatalement encore, par des intrigues cachées, par des coups détournés, tels qu'ils ont lieu, de nos jours, au Corps législatif, lequel, avant d'essayer de l'émeute dans la rue, tente à se prévaloir de la légalité. C'est pour ce motif qu'il refuse de voter le budget, qu'il nomme une commission d'enquête, afin de mettre le gouvernement en accusation ; et les grands airs de respect que la majorité de la Chambre affiche pour la Constitution, dérobent aux regards l'astuce de ses noirs complots.

Dans chaque homme, chez chaque peuple, se rencontrent deux puissances ennemies continuellement en guerre entre elles, savoir : les sens et la raison, en d'autres termes, la chair et l'esprit.

Or, selon que l'une de ces puissances l'emporte sur l'autre, la vérité ou l'erreur, le bien ou le mal, la vertu ou le vice, domine chez l'homme et dans la société. En France, à l'heure présente, c'est la chair qui triomphe dans les régions gouvernementales et dans les bas-fonds de la société. On assiste, en effet, le cœur navré, au débordement des plus dangereuses doctrines, à l'explosion de toutes les passions, au renversement des principes des lois divines et humaines ; on voit tout périr : droit, religion, principes, tradition et respect.

De toutes parts sur le sol français, même au sein des campagnes, le matérialisme s'affirme, chaque jour, par les enfouissements civils. « Cette manière de mettre en terre une créature humaine est en contradiction avec les traditions du genre humain. Partout où se rencontrent des sociétés ou des tribus civilisées ou sauvages, des formes religieuses quelconques se mêlent à la mort ; les survivants recommandent le trépassé à des puissances invisibles et supérieures. Dans aucun pays il n'a été admis que nos destinées s'achèvent dans un trou. Par l'enterrement civil, on ne se retranche pas seulement de la grande famille chrétienne, mais encore de l'immense famille humaine (1). »

A ce mal ajoutons, celui, encore plus grand, que le matérialisme législatif cause en France.

L'Etat, soit par complaisance, soit par calcul ou par faiblesse, est athée; athées également sont ses lois. La religion catholique, qui n'a plus en Europe un seul royaume où son indépendance, son avenir ne soient gravement menacés, est citée à la barre du Parlement, comme Notre-Seigneur Jésus-Christ fut cité au tribunal de Pilate, et là, par des discussions impossibles, pour ne rien dire de plus, on fraye le chemin à l'erreur et au mal par la négation solennelle du droit social de Dieu.

Le matérialisme législatif ne fait-il pas dériver le pouvoir suprême de la souveraineté du peuple, qui, à elle seule, résume tout ? Elle est le droit ; elle est la loi. Telle est la base de notre législation, traînant, avec elle, la perversion du sens moral et l'abdication complète de la raison. Elle veut, en effet, la famille sans Dieu, l'école sans Dieu, l'atelier sans Dieu, l'Etat sans Dieu.

Mais l'Etat sans Dieu, c'est l'Etat sans l'Etat. Est-ce que le droit ne découle pas de la loi divine aussi réellement que les actes humains procèdent de la libre volonté de l'homme ? Donc, sans l'accomplissement du devoir, il n'y a plus de société ni de gouvernement possibles.

Car si, de son propre chef, l'Etat retranche de son sein, Dieu et ses divins commandements, qui empêchera les sujets de supprimer, à leur tour, l'Etat avec ses lois

---

(1) M. Poujoulat, cité par l'*Univers* du 10 décembre 1876.

et ses soldats ? Avec de tels principes, il n'y a plus de lendemain , ni d'avenir à espérer pour la société.

Qui ne sait que l'atelier sans Dieu est, pour l'artisan , une vraie galère, où, avec dépit, comme on dit vulgairement, il ronge son mors ? « Loin de mettre un frein à la licence des pensées, lorsqu'il serait temps encore d'en arrêter les progrès, les gouvernements le favorisent, au moins par leurs exemples. Ce sont eux qui les premiers cessent de croire; et l'irréligion part du pouvoir, ou d'autour du pouvoir, pour se répandre, de proche en proche, jusque dans les derniers rangs de la nation. Plus attaché à ses croyances, parce qu'il a moins de motifs de souhaiter qu'elles soient fausses, le peuple résiste longtemps à l'influence des classes supérieures. Il défend, avec sa conscience , sa foi qu'on attaque avec de l'esprit, et entoure au fond de son cœur, d'une barrière sacrée, ses consolations et ses espérances. Mais quand une fois il a succombé ; quand, à force de le corrompre, on a changé ses intérêts ; quand les vices les plus hideux sont devenus ses mœurs habituelles sans que le remords trouble son sommeil ; quand les peines et les récompenses d'une autre vie ne lui paraissent plus que des préjugés puérils, que la religion a perdu pour lui ses terreurs, et qu'il en ignore également les dogmes et les préceptes ; quand il sourit de pitié au seul nom de Dieu : alors, je me demande en tremblant, s'il reste quelque moyen humain de ramener un tel peuple à la croyance de la vérité et à la pratique de la vertu ; je me demande si, de ces êtres dégradés, on peut encore faire des hommes, et je n'ose prononcer (1). »

La famille sans Dieu est la ruine de la famille ,

---

(1) *Essai sur l'Indifférence,* t. I, chap. 1er, page 51.

et, comme conséquence nécessaire, la ruine de la société.

Pour mettre Dieu et l'Eglise à la porte du foyer domestique, la révolution a commencé par établir le mariage civil. Or, comme le mariage est l'acte fondateur et l'état constitutif de la famille, s'il manque de la grâce divine, du sacrement qui lui est propre, c'est la décadence des mœurs, l'abaissement et la dissolution de la famille, plus, la décomposition sociale.

Mais ce n'est point assez pour la révolution d'infecter le mariage à sa source immortelle et sacrée, il faut encore que la famille soit esclave du despotisme social, en confiant, contre son gré, ses enfants, pour ne point compromettre leur avenir, à des écoles laïques où l'enseignement religieux est de fait soigneusement écarté.

C'est pour arriver à cette fin sacrilége, que les démocrates font une guerre à mort aux écoles congréganistes, qu'ils voudraient voir fermées à jamais. Assurément s'ils étaient guidés par le seul amour de la science, ils n'agiraient pas, comme ils font, à l'égard des ordres religieux enseignants et des naissantes Universités catholiques, qui ne coûtent pas un centime à l'Etat. A leurs yeux, les écoles doivent être, avant tout, des officines de libre-pensée et d'impiété, où l'on débarrassera l'enfant de certains préjugés, contractés sur les genoux maternels.

De là, les efforts incessants de la démocratie pour s'emparer des écoles, afin d'arracher du cœur de l'enfant les croyances religieuses, frein unique des passions. Le coup qu'elle porte à l'ordre social est funeste; car l'influence de l'école sur l'esprit d'une génération, se fait sentir toute la vie ; un peuple est toujours ce que l'enseignement l'a fait.

Or si , de nos jours, on rencontre encore dans les écoles de l'Etat un *fac simile* d'enseignement religieux, c'est parce que le gouvernement « croit, au point de vue moral et politique, à la nécessité d'une croyance et d'un enseignement religieux; car si cet enseignement était interdit, fait observer M. Waddington, ministre de l'instruction publique, on n'arriverait qu'à dépeupler les écoles laïques au profit des écoles congréganistes. La puissance des mères est telle, qu'elle déterminerait les familles à ne confier les enfants qu'aux établissements religieux (1). »

Donc, l'enseignement religieux, tant bien que mal, est conservé dans les écoles du gouvernement, comme une nécessité politique, c'est-à-dire comme une enseigne de magasin.

J'ai dit que la ruine de la famille entraînait nécessairement la ruine de la société :

Le sort de la société est si intimement lié à celui de la famille, que l'abaissement, la dépravation de l'une sont indissolublement liés aux décadences de l'autre. Qui ne sait, en effet, que la société domestique est le principe, le modèle et la force de la société civile ? Dès lors, si une famille est bien constituée sous le rapport religieux, intellectuel, moral et physique, elle fournira, sauf de rares exceptions, de dignes sujets à l'Etat.

Au contraire, si elle est mal réglée, il en sortira une humanité faible et défectueuse ; car, encore une fois, c'est la famille qui donne la vie, qui la développe dans l'ordre physique, par les soins qu'elle accorde au corps, et dans l'ordre intellectuel et moral par l'éducation.

On paraît oublier, de nos jours, que la société telle

---

(1) Voir l'*Univers* du 4 mars 1877.

que Dieu l'a faite, telle que Dieu la veut, « ne consiste point dans l'assemblage des corps et dans la combinaison des intérêts matériels ; qu'elle ne devient une vraie société que lorsque ses membres, unis par des lois relatives à leur nature intelligente, obéissent au pouvoir suprême qui régit tous les êtres intelligents : car il n'existe de véritable société qu'entre les intelligences ; et c'est une des raisons pourquoi la société humaine se dissout, quand l'homme, se matérialisant, ne met plus dans la société que son corps, son action et ses besoins physiques. Comprenons enfin que si le Créateur a établi un ordre plein de sagesse et de majesté dans la collection des êtres matériels, s'il les a soumis à des lois appropriées à leur nature, et d'où dépend leur conservation, il est absurde de penser qu'il n'existe aucun ordre voulu de Dieu dans la société des intelligences abandonnées, sans règles et sans lois, aux destins qu'elles se feraient elles-mêmes (1). »

Jusqu'ici, mettre Dieu à la porte de l'Etat n'avait été qu'un rêve caressé par la révolution ; mais grâce à l'athéisme législatif, à la majorité radicale de la Chambre, ce rêve deviendra bientôt, pour le malheur de la France, une triste réalité.

Ah ! que nous sommes loin de ces temps heureux, où, en tête de ses Capitulaires, l'empereur Charlemagne prenait ces titres : « Notre-Seigneur-Jésus-Christ régnant à jamais, moi, Charles, par la grâce et la miséricorde divine, roi et recteur du royaume des Francs, *dévot défenseur et humble auxiliaire de la sainte Eglise de Dieu,* etc. »

Aucun roi n'a plus aimé l'Eglise, aucun n'a fait plus

---

(1) *Essai sur l'Indifférence,* t. I, chap. 12, page 474.

pour elle, et aucun n'a plus brillé sur le trône. Les peuples n'en étaient pas moins libres pour cela, ni plus malheureux.

Henri IV, dont le nom est demeuré si populaire en France, pour monter sur le trône fut obligé d'abjurer le protestantisme. Alors la France plaçait sa foi au-dessus de la fidélité à ses rois.

De nos jours, au contraire, les peuples imposent aux souverains, comme condition pour régner, l'obligation de se séparer de l'Eglise, de renier Dieu et leur baptême, et ils acceptent!!!

Ainsi la société s'en va aux abîmes, et, à la place de Dieu et de l'Eglise, nous sommes exposés à voir reparaître la figure de Robespierre et de Marat. Que reste-t-il, en effet, à espérer pour une nation chez laquelle la dépravation de l'être moral agit sur l'intelligence et la volonté des individus, en particulier, et du peuple en général?

DEUXIÈME DANGER:

L'ÉTAT SANS CHEF.

Après avoir mis Dieu de côté , la majorité de la Chambre ne serait pas fâchée, non plus , d'y mettre le loyal soldat qui nous gouverne.

A l'origine du Septennat, nous pensions que l'ordre était assuré jusqu'en 1880, et que, pendant ce laps de temps, la France pourrait respirer à l'aise, et cicatriser ses blessures. Pas du tout. La patrie est plus agitée que jamais, l'ordre est troublé pour longtemps. La majorité de la Chambre a fait passer le Maréchal sous les fourches caudines ; de fait, elle dispose actuellement du pouvoir exécutif.

Rome naissante a vu deux frères se disputer une royauté de pâtres et de chaumières ; Rome, grande et puissante, a vu le gendre et le beau-père remplir tout l'univers du bruit de leur sanglants combats , comme nous voyons l'une des Chambres ravir à l'autre ses prérogatives, et au chef de l'Etat sa puissance et ses droits.

Par malheur, le président de la République, ce mandataire de confiance, que la France a investi d'un pouvoir personnel pour conserver et défendre, pendant sept ans, le gouvernement contre les agissements révolutionnaires, est libre entre les mains du Parlement, à peu près comme un esclave dans les mains de son maître. Nous disons la vérité, les faits sont là pour l'établir, et ils abondent.

D'après la Constitution, le chef de l'Etat pourvoit à l'exécution des lois,— nomme les ministres,— dispose de tous les emplois civils et militaires. — Il peut donc imposer de fait ses volontés au cabinet, — se créer une armée fidèle, — une administration dévouée. — Erreur, mensonge ! Toutes ces prérogatives passent de ses mains dans celles de la majorité de la Chambre.

En effet, le président de la République ayant besoin du concours du Parlement pour la confection des lois, pour le vote du budget, sans lequel il lui est impossible de faire face aux dépenses de l'Etat, est obligé moralement de subir ses exigences pour obtenir ces choses.

Placé dans une aussi fâcheuse nécessité, le gouvernement ne peut sortir d'embarras, la plupart du temps, qu'en faisant droit aux exigences de la Chambre, qu'en congédiant par conséquent les ministres, si par hasard ils n'étaient point en communion d'idées avec elle. C'est ainsi que le Corps législatif dispose d'abord du droit qu'a le Maréchal de nommer ses ministres. C'est une vérité hors de doute, puisque le ministère est obligé de se retirer, pour faire place à un nouveau cabinet, toutes les fois que la majorité du parlement lui est contraire.

Bien plus, le Maréchal n'est pas davantage maître de nommer ou de conserver aux divers emplois de l'Etat des fonctionnaires dignes de sa confiance. Après le 16 mai, n'avait-il pas donné sa parole d'honneur qu'il n'abandonnerait jamais les siens ? Où sont aujourd'hui les préfets, les sous-préfets, les secrétaires-généraux de préfecture, les procureurs de la République et les procureurs-généraux qui l'ont fidèlement servi à l'heure du danger ? Le nombre de ces fonctionnaires encore en place est aussi petit que celui des épis laissés après la moisson ou des grappes de raisins après la vendange.

Ces dignes fonctionnaires, qui n'ont été désignés aux haines radicales que par leur énergie à défendre l'ordre social contre les attentats de la révolution, ont, pour successeurs, des hommes signalés depuis longtemps à la faveur des radicaux par une sorte de complicité, dont ils obtiennent maintenant la récompense.

Non-seulement le Maréchal, pour rester au pouvoir, a dû renier ses promesses et sacrifier ses fonctionnaires, mais encore par le silence qu'il garde au sujet des invalidations de la Chambre, question où son honneur n'est pas moins en cause que la moralité du suffrage universel, il consent à ce que l'on chasse de la Chambre tous les députés, dont le seul tort a été de combattre pour le triomphe de la cause à laquelle, en ce temps-là, le Maréchal protestait qu'il ne faillirait pas.

Enfin si, usant de son droit, le président de la République dissout la Chambre pour de graves raisons, tel qu'il a fait le 16 mai, et que les électeurs renvoient de nouveau au Corps législatif la même majorité , comme au 14 octobre dernier , alors que devient son autorité ? n'est-elle pas considérablement amoindrie et sa souveraineté effacée ? Que peut-il contre les décisions du suffrage universel ?

Qu'on ne dise pas que le Sénat qui, lui aussi, sort des enfantements de l'opinion ; qui réfléchit l'opinion et réagit sur elle, est là pour arrêter les empiétements du Corps législatif, car nous répondrions : le peuple donnera toujours raison à la Chambre basse, dont l'ambition et les rusés calculs triompheront, quand même, de la faible résistance de la Chambre haute.

Comme on voit , le parlementarisme est une forme

particulièrement détestable du despotisme ; « c'est la tyrannie sans l'espèce de grandeur qui s'attache au péril du métier de tyran ; c'est la tyrannie sans risque, sans responsabilité et sans prestige exercée par les Assemblées. Le législatif déborde sur l'exécutif. Il ne fait pas les lois simplement, il les applique, les exécute et tient dans ses mains la politique d'action, intérieure et extérieure. La majorité du Parlement fait et défait les ministres. Les ministres gouvernent en son nom et au lieu et place du chef d'Etat, qui n'a pas le droit d'avoir son sentiment, qui n'a pas le droit d'agir, le droit de parler et d'exprimer une opinion : cet homme , c'est le chef de l'Etat.

« Le parlementarisme qui opprime le souverain, opprime au même degré le pays. La majorité de la législature règne et gouverne. Que représente cette majorité ? Est-ce la nation ? Quel innocent donne encore dans cette illusion enfantine que le pays est figuré avec quelque vérité par les majorités électives ? La majorité représente l'opinion d'un jour , l'opinion bruyante et à outrance qui déborde , comme une écume au moment de la fièvre électorale , et le lendemain s'efface et ne laisse pas de traces visibles. Regardons seulement autour de nous ; est-ce que MM. Naquet, Lockroy et leurs congénères expriment un peu sérieusement la nation française ? Voit-on ces citoyens s'émouvoir des besoins et des grands intérêts du pays ? Non, la sollicitude est aux enfouissements civils, à l'amnistie, au rétablissement du divorce ; le zèle se dépense à persécuter l'Eglise, à diffamer la magistrature et l'armée. Tel est le parlementarisme, la tyrannie vraie, le double escamotage du droit du souverain et du pays (1) : » Tyrannie qu'agrandit,

---

(1) *Univers* du 25 janvier 1877.

qu'aggrave encore le chef de l'Etat par son message du 13 décembre 1877.

Or, si une ruche ne peut vivre sans reine, si un troupeau ne peut rester sans pasteur, une armée sans général, un vaisseau sans pilote, à plus forte raison la France ne peut-elle pas se passer de chef.

TROISIÈME DANGER :

La Constitution du pays règle les attributions du président de la République et du Parlement. L'un et l'autre, pour le salut de la France, doivent simplement user de leurs droits respectifs , c'est-à-dire l'exécutif ne doit point empiéter sur le législatif, ni le législatif déborder sur l'exécutif. Néanmoins, le législatif, plus que jamais, sort de son domaine et tend à absorber tous les pouvoirs ; pour lui, en effet, la force prime le droit, le nombre fait loi.

Parce que le gouvernement du Maréchal, lors des élections du 14 octobre dernier, a usé de la candidature officielle ; qu'il a choisi les membres du ministère en dehors du parlement, la majorité de la Chambre s'est rendue coupable envers lui d'actes inconstitutionnels ou séditieux. Ainsi elle a refusé de voter le budget,—elle a nommé une commission d'enquête,— elle invalide tous les jours des élections régulièrement faites ; à tel point que dans ses actes, qui devraient être frappés au coin de la sagesse, on ne trouve plus de justice, ni même le sentiment des convenances.

Mais la candidature officielle fait partie du droit de légitime défense des gouvernements, quels qu'ils soient. Elle est de tradition, elle est de droit coutumier sous les régimes quelconques basés sur la représentation élective. Les gouvernements de Louis-Philippe, de Napoléon III et des deux dernières Républiques en ont largement usé.

Raisonnablement le gouvernement peut-il se croiser les bras et se taire durant une lutte électorale, quand ses ennemis remuent le ciel et la terre, font appel à toutes les passions pour le renverser ? Humainement parlant, une telle abnégation est impossible ; l'instinct de la conservation est là.

D'ailleurs, le Maréchal a usé du droit constitutionnel de dissoudre la Chambre en prenant le pays pour juge, et son gouvernement avait le droit de dire: voici mes candidats ; comme ses adversaires, les républicains, disaient eux-mêmes, voilà les nôtres.

Mais admettons, un instant, que la candidature officielle soit une transgression de la loi. Dans ce cas, appartiendrait-il aux républicains d'accuser le gouvernement, de lui jeter la pierre? Eux qui, en 1871, ont dissous les conseils généraux et les conseils municipaux ; eux qui ont laissé des préfets, des sous-préfets se présenter aux élections dans les départements qu'ils administraient? Quand on a appliqué et pratiqué la candidature officielle d'une manière aussi odieuse, on devrait se taire, et surtout, on devrait éviter de se faire les défenseurs de la moralité du suffrage universel.

Eh bien ! malgré tant de méfaits, l'Assemblée nationale, qui siégeait à Bordeaux, où les conservateurs surabondaient, ne s'est point servi de la force du nombre pour invalider des adversaires politiques ; quand elle procédait à la vérification des pouvoirs, elle se garda bien de faire un crime à la candidature officielle, qui était loin, cependant, d'être aussi loyale qu'était celle attaquée aujourd'hui par ces mêmes républicains.

Il est douloureux au cœur vraiment français, de voir en ce moment le Corps législatif, sur lequel l'Europe porte attentivement les regards, faire, dans la vérification des pouvoirs, une œuvre politique plutôt qu'une œuvre de juridiction.

Naguère sur l'élection de M. de Cadillan, député d'Arles, M. Baragnon a demandé que la Chambre voulût bien ne pas statuer de suite, attendu que plusieurs faits sur lesquels s'appuie la demande d'invalidation sont l'objet de poursuites judiciaires. L'équité, la justice, les convenances, le respect de la magistrature, tout commandait en effet de surseoir ; mais M. Gambetta, plaçant la Chambre au-dessus de tous les pouvoirs, s'est opposé au sursis ; c'était la condamnation de M. de Cadillan ; elle a été prononcée (1).

« Toutes ces invalidations éveillent le souvenir des Assemblées révolutionnaires, s'écrie à la tribune l'amiral Touchard, et les ajournements dont nous avons été témoins, ne portent pas une moindre atteinte au droit électoral, car ils mettent en interdit, pour un temps indéterminé, la circonscription dont ils paralysent le représentant (2). »

Non-seulement la majorité de la Chambre casse les élections, renvoie devant ses électeurs le député invalidé, mais elle nomme encore une commission d'enquête. Cet acte est essentiellement anarchique, si anarchique que le ministère, antérieur au 13 décembre, en a dénoncé au Parlement le caractère inconstitutionnel et a défendu aux fonctionnaires de l'Etat de comparaître devant les commissaires de la Chambre et de répondre

---

(1) Séance du 28 janvier 1878.

(2) Séance du 21 janvier 1878.

à leur interrogatoire. Cette enquête, toute inconstitu-
tionnelle qu'elle est, ne laisse pas néanmoins que de
faire au pouvoir la situation humiliée d'un prévenu dont
on instruit la cause.

Contrairement aux prévisions des honnêtes citoyens
et contrairement aux ordres donnés par le gouvernement, cette commission d'enquête parlementaire sur les
élections fonctionne actuellement avec l'appui de ce
même gouvernement. M. le garde des sceaux adressa
d'abord aux procureurs-généraux une circulaire pour les
inviter à faire les actes interruptifs de la prescription.
« Il importait, en effet, dit le *Temps,* de se presser, car
la prescription, qui est acquise à l'expiration du troisième mois qui suit la proclamation de l'élection, com-
mencerait, dans le cas présent, à courir à partir du 14
janvier. »

Mais comme la commission d'enquête, nommée par la
Chambre, n'a aucune existence légale et ne possède aucun mode de coërcition, M. Dufaure vient habilement à
son secours en nommant une commission chargée d'éla-
borer un projet de loi ; cela demande du temps, des
mois, des années peut-être, et les commissaires enquêteurs sont priés d'agir activement.

Pour triompher des répugnances des fonctionnaires,
connaissant la loi et nullement disposés à s'incliner devant une assignation dénuée de sanction et sans valeur,
la commission d'enquête n'a qu'à dénoncer à M. le garde
des sceaux les fonctionnaires accusés de pression ou de
corruption électorale, et ce dernier ordonne des poursuites contre les suspects. De cette manière, les anciens
fonctionnaires du gouvernement, désignés aux soupçons
des commissaires enquêteurs, ne peuvent refuser de
comparaître devant le juge d'instruction. Un sous-préfet

révoqué et un maire de chef-lieu de canton, dit l'*Univers,* sont actuellement poursuivis pour fait de corruption électorale. Ils ont été obligés de subir un interrogatoire devant le juge d'instruction. Or, comme les faits rapportés étaient faux, tout dut aboutir à une ordonnance de non-lieu. Quoi qu'il en soit, cette étrange manière de mettre la justice au service des rancunes radicales, est ignoble et inspire des craintes sérieuses pour l'avenir.

Quant au ministère d'affaires, dont les membres ne siégeaient point au Parlement, qui recueillait la terrible succession de M. de Fourtou, constitutionnellement la Chambre n'avait rien à objecter. Le chef du pouvoir exécutif, est-il dit dans la Constitution, nomme et révoque les ministres. La Constitution ne dit pas que toujours et quand même, les ministres seront pris dans les Chambres. Il y a des exemples nombreux de ministres choisis en dehors du Parlement, soit sous la présidence de Louis-Napoléon, soit sous celle de M. Thiers. Le *Siècle* aurait-il oublié combien il fut heureux de voir choisi, par le président de la République, M. Ricard, qui n'était cependant, ni sénateur, ni député, pour ministre de l'intérieur et chef politique du cabinet? Or, ce qui était permis à cette époque, l'est également aujourd'hui, puisque nous vivons sous les mêmes lois et sous le même régime. Arrière donc les plaintes et les murmures contre le Maréchal.

Alors, pourquoi la majorité de la Chambre a-t-elle refusé de s'entendre avec ce ministère, qui offrait un programme des plus calmes, des plus conciliants, des plus constitutionnels que jamais gouvernement ait présenté? Pourquoi a-t-elle refusé de voter le budget? La réponse est facile : quand une fois on est sorti de la ligne du devoir on extravague toujours.

En 1837, le droit des représentants du peuple, en matière d'impôt, s'est présenté dans le Parlement espagnol avec le caractère qu'on veut lui donner actuellement chez nous. Une Chambre a-t-elle le droit de refuser l'impôt ? Comment peut-elle en user ? Quel profit peut-elle en retirer ? Ces questions , remarque l'*Univers* , furent traitées par Donoso-Cortès avec une supériorité de science , de bon sens et de bonne foi , qui frappa vivement l'opinion et qui eût gain de cause dans le pays.

Après avoir démontré que l'intervention des représentants du peuple dans l'octroi des contributions avait autrefois un caractère exclusivement économique et non pas politique , puisque le gouvernement n'avait besoin d'autorisation que pour percevoir les nouveaux impôts et qu'il pouvait disposer à son gré des anciens, Donoso-Cortès arrive à la théorie moderne.

« Lorsque chaque année, dit-il, les conseillers de la couronne et les représentants du peuple discutent le budget, voyons quelles sont, en réalité , les questions qu'ils posent. La première est de savoir si, en l'année où l'on se trouve, il y aura encore un trône et un roi. Comment, en effet , le trône pourrait-il rester debout et le roi se maintenir sans les contributions, qui assurent non-seulement l'existence, mais encore la splendeur de la Monarchie ?

» La première chose qu'on pose en question est donc de savoir si la constitution de l'Etat doit exister ou non ? Par où l'on voit que le vote du budget confère aux Assemblées ordinaires un pouvoir constituant, et que, partout où le vote du budget est annuel, la révision des constitutions est annuelle aussi. La deuxième question posée est celle-ci : doit-il y avoir une religion et un culte ?

» Comment, en effet, la religion subsisterait-elle sans culte ? sans un fond qui assure son existence ? Là donc où le vote du budget est annuel, la révision des constitutions est annuelle aussi. Par où l'on voit que, par le vote annuel du budget, les Chambres qui, dans l'ordre politique, se mettent au-dessus de la Constitution, se mettent dans l'ordre religieux au-dessus du dogme, et qu'elles agissent dans ce dernier cas, comme un pouvoir supérieur à l'Eglise, aux Conciles et aux Papes ; de même qu'elles agissent, dans le premier, comme un pouvoir supérieur au Roi.

» La troisième question posée par la discussion du budget, est celle de savoir s'il doit y avoir une force publique, qui protége la société contre les insurrections populaires et contre les invasions du dehors, c'est-à-dire s'il doit y avoir une armée. La quatrième, si les écoles et les universités doivent demeurer ouvertes ou être fermées. La cinquième, s'il doit y avoir des juges et des magistrats, ou si l'on doit fermer les tribunaux chargés d'appliquer les lois et d'administrer la justice. La sixième, s'il doit y avoir des ministres plénipotentiaires près des cabinets étrangers, ou si l'on doit entièrement proscrire les relations internationales...

» Mettre en question, si dans une Monarchie il doit y avoir un Roi, si, dans une société, il doit y avoir une religion et un culte, si, dans une nation, il doit y avoir une force matérielle protectrice, qu'on appelle armée et une force morale protectrice, qui réside dans les tribunaux, c'est supposer ou qu'une société peut exister sans force publique, sans administration de la justice, sans religion, sans culte et sans gouvernement, ou que les peuples, soit par eux-mêmes, soit par leurs représentants, peuvent frapper l'Etat et la société de paralysie et de mort. Nous disons que mettre en question toutes ces choses, c'est adopter l'une de ces deux suppositions, parce que s'il est absurde de croire que la société puisse vivre sans gouvernement, sans religion, sans culte, sans force publique et sans administration de la justice, et plus absurde encore de croire que les peuples peuvent discuter la dissolution des sociétés humaines, par eux-mêmes ou par leurs représentants, la plus grande de toutes les absurdités serait de proposer à la résolution des Chambres, comme une chose en question qu'on ne croirait pas du tout en question, et qu'on tiendrait pour définitivement résolue...

» Quand les représentants demandent pour eux le droit de refuser le budget, sous prétexte que le droit de le concéder entraîne le droit de le supprimer, il est évident qu'ils s'attribuent un pouvoir illégitime, puisqu'un tel pouvoir est incompatible avec le droit qu'a l'Etat de conserver son existence. Si, conformant leurs actes à leurs principes, ils discutent la suspension ou la suppression de tous les impôts, nul doute alors qu'en agissant ainsi, quel que soit le titre dont ils se décorent, ils déclarent la guerre à la société et se mettent comme ennemis du repos public et de l'Etat, hors de tout droit et de toute loi (1). »

M. Rouher avait donc raison d'affirmer à la tribune, que si la majorité de la Chambre écartait la discussion du budget, point essentiel auquel se rattachent tant d'intérêts, elle prouverait que son patriotisme est un leurre, et sa résistance une sédition pour renverser le pouvoir et s'en emparer (2).

---

(1) Cité par l'*Univers* du 11 décembre 1877.

(2) Séance du 4 décembre 1877.

La Chambre, actuellement, par la confusion qu'elle met dans le pouvoir et par l'abus qu'elle en fait, construit une nouvelle tour de Babel, destinée à produire, avec la confusion des langues, la confusion des idées, le règne de la Terreur, en un mot, un nouveau 93.

QUATRIÈME DANGER :

L'ANARCHIE DANS LA PRESSE.

Un autre danger non moins terrible pour la France, c'est l'anarchie de la presse, qui sème partout, avec profusion, les idées révolutionnaires, à l'exemple des mauvaises graines, une fois mises en terre, qui lèvent toujours et croissent rapidement. Ces idées introduites dans les intelligences, troublent vite le cœur et la volonté qu'elles finissent bientôt par pervertir et par gâter. La majorité de la Chambre, au lieu de nommer une commission d'enquête parlementaire , aurait agi plus sagement en demandant le rétablissement de la censure contre les mauvais journaux, ennemis déclarés de toute autorité, de toute croyance.

Afin d'édifier le lecteur, nous citerons quelques passages des feuilles radicales.

Le journal *le Peuple,* pour exciter la haine du pauvre contre le gouvernement, s'exprime ainsi : « Le *Mont-de-Pieté,* se trouvant dans l'impossibilité de faire face aux besoins des pauvres, emprunte cinquante millions.

» Ah ! misère !

» Vous avez bien lu —cinquante millions—il les faut ; les affamés sont là qui se pressent à la porte de cette banque usuraire, portant sur leur dos qui leurs matelas, qui le dernier paquet de linge, les chemises de la femme, les langes de l'enfant... et tant est grande la prospérité décrétée par MM. de Fourtou et de Broglie, *tant est puissante l'autorité du Maréchal* pour ramener le commerce et rouvrir les ateliers…, qu'on n'a plus assez d'argent et qu'on emprunte aux rentiers cinquante millions pour jeter aux pauvres un morceau de pain.

» C'est hideux.

» Il y a quelque part, en France, dans un pays civilisé, des hommes qui, le ventre à table, les pieds aux chenets, le cigare à la bouche, causent paisiblement de leurs ambitions et de leurs espérances. . . . .

» De toutes parts on leur crie :

» Vous tuez la France ! vous tuez le peuple ! plus de travail ! la douleur à la maison…, les enfants malades et la femme affolée.

» Qu'est-ce que cela nous fait ? disent-ils, nous restons.

» Est-ce qu'ils veulent dire :

» Nous resterons et nous resterons encore, parce que, par la famine, par la misère, nous entendons vaincre la République ?

» Voilà ce que vous avez fait. Et vous prétendez continuer? ah ! messieurs du Sénat, confits dans la béatitude dorée, peuvent bien vous donner un vote de confiance…

» La faim se dresse, horrible, émacée, étendant ses bras de squelette, et, vous regardant en face, elle vous crie :

» Merci, mes pourvoyeurs !

» Ah ! Messieurs, prenez garde ! (1) »

« Les concessions, c'est Capet raccourci; la résistance, c'est Mac-Mahon amoindri, lequel vaut mieux, Seigneur? (2) »

---

(1) Voir l'*Univers* du 20 novembre 1877.

(2) Voir l'*Univers* du 13 novembre 1877.

C'est le *Républicain* qui publie ces lignes comme résumé de la situation ; on ne saurait, en effet, mieux résumer que par cet exemple l'état où nous sommes, puisque de telles infamies peuvent se publier avec un espoir sérieux d'impunité.

« Le suffrage universel est tout, dit M. Gambetta, il n'y a pas deux suffrages universels pour appeler de l'un à l'autre... il n'y a pas de droit contre le droit (1). » On ne peut énoncer plus clairement que le nombre, quoi qu'il fasse, crée ou fixe la règle du droit.

Nous lisons dans le *XIXe Siècle :* « On prête au pouvoir exécutif le dessein de demander au Sénat, dès demain jeudi, la dissolution de la Chambre. Que le Sénat la refuse ou l'accorde, ce sera pour le Sénat tant mieux ou tant pis. Mais ce n'est là qu'un point secondaire. Ce qu'il faut constater dès maintenant et ce qui importe, c'est que *le coup d'Etat de recette nouvelle, ce coup d'Etat déguisé en dissolution par Tartufe ne sera point subi.*

» A cet égard, rien de douteux, chacun connaît son devoir. Que la Chambre ordonne ! Dans la Chambre réside le principe même de la souveraineté nationale, aujourd'hui menacée, que nous devons défendre et que nous défendrons (2). »

Ces paroles constituent purement et simplement un appel à l'émeute.

Voici un nouvel exemple des outrages que la *France* se permet contre le Maréchal :

« A force de s'entendre dire que le Panthéon est trop étroit pour contenir sa gloire, M. de Mac-Mahon a fini

---

par se persuader que la France était de trop petite noblesse pour résister à ses volontés (1). »

Ecoutons le *Réveil :* — « Trop compromis pour que la majorité parlementaire puisse traiter avec le Maréchal, trop compromettant pour que les anciens partis puissent le conserver comme chef, même nominal, il n'a plus qu'à signer son acte d'abdication. Et s'il ne consent à le signer aujourd'hui, c'est demain la France entière, debout, qui, par une sentence décisive, irrévocable et souveraine, l'exigera. »

A cette sommation ajoutons ce que dit le *Républicain :* « Nous ne saurions assez le redire, il n'y a qu'une solution possible, c'est la démission du Maréchal. Le pays l'attend aujourd'hui de son patriotisme, et l'exigera demain de son aveuglement ; et il s'en passerait après-demain, si ses intérêts étaient plus longtemps sacrifiés à d'égoïstes considérations et aux criminelles machinations de la politique ultramontaine (2). »

« Sous le régime de la Constitution de 1875, dit le *XIX*^e *Siècle,* le rejet du budget n'est et ne saurait être que la préface de la mise en accusation du président, qui ne peut se soustraire à cette conséquence, qu'en signant un acte de *soumission* ou de *démission* (3). »

Telles sont, en abrégé, les injures que la presse révolutionnaire vomit contre le Maréchal. Vraiment c'est à n'y pas croire. Et quoi ! l'homme qui tue son semblable, afin de le dévaliser, est frappé d'une très-forte pénalité ; et il n'y a ni tribunal, ni prison, ni amendes pour ces journaux démagogiques, pour

---

(1) Voir *l'Univers* du 8 décembre 1877.

(2) Ibid. du 11 décembre 1877.

(3) Ibid. du 13 décembre 1877.

ces assassins de réputation ! Et qu'arrive-t-il ? Aujour-
d'hui, c'est le mal qui l'emporte sur le bien, c'est le vice
qui opprime la vertu ; on a perdu tout respect pour le
chef de l'Etat, on n'a plus confiance ni dans ses paroles,
ni dans ses actes. Mentez, disait Voltaire, il en reste
toujours quelque chose.

Les chansons révolutionnaires prêtent encore main-
forte à la mauvaise presse, pour répandre les idées anar-
chiques dans la société. Ces chansons trouvent accès
partout : à l'atelier, aux champs, au magasin, au wagon,
au café , sur les places publiques et dans les rues ; on
les chante partout avec entrain.

Voici entre cent , quelques passages d'une chanson
populaire, intitulée *la Commune :*

> Portant le droit sur ses larges épaules ,
> Flattant le Christ et maudissant l'autel,
> La République, qui sort du sang des Gaules,
> *Ouvre le monde* au peuple universel !
> Mais de Judas la formidable escorte,
> Pour la trahir arme son bras félon,
> Allons soldats ! *scalpez la grande morte,*
> *Et dans sa peau taillez-vous des galons.*
> Feu ! partout feu ! le bruit des canonnades
> Fit tressaillir la vaillante cité.
> Peuple, en avant ! c'est sur les barricades
> Que l'avenir cache la liberté !
> Si des tyrans la sinistre parole,
> Pour commander prend la voix du canon,
> Sur leur palais faites jaillir le pétrole,
> Contre les rois tous les moyens sont bons !
> Et vous soldats, âmes de bataille,
> Egorgez donc ces valeureux mutins,
> Foulez aux pieds nos remparts, nos murailles;
> *C'est votre* état... faites des orphelins !
> Si nos martyrs, expirant sur les dalles,

Vous adressaient un appel fraternel,
Tirez encore, il vous reste des balles,
Pavots de plomb du sommeil éternel !
Le sang rougit la rivière,
Les rois ne rêvent que fureur.
Peuples, effaçons les frontières,
Et vous, phalanges guerrières,
Rendez le fer aux laboureurs !

On peut rapprocher cette chanson du manifeste de l'Internationale, que voici, et dire ensuite que le péril social et la guerre civile sont des spectres !

ASSOCIATION INTERNATIONALE DES TRAVAILLEURS

—

FÉDÉRATION FRANÇAISE.

—

Citoyens,

« Le socialisme, mal enterré dans un document posthume, par un moribond à qui l'on doit la plupart des difficultés de l'heure présente, est en France plus vivant qu'on ne croit. Il est en Europe plus vivant que jamais. Il ne restera plus rien de ceux qui l'ont combattu et de ceux qui songent à le combattre, pas plus du soldat qui nous gouverne, que de l'homme d'Etat qui vient de mourir, que le socialisme sera encore debout. Il sera debout tout le temps que les besoins populaires, qui l'ont fait naître, ne seront pas assouvis, les injustices sociales qu'il combat, abattues, les principes qu'il proclame, réalisés. C'est lui qui, dans la crise que nous traversons, vient, par la bouche de l'Internationale, vous faire entendre sa voix.

» Le gouvernement des *curés* et des *ducs* vous a rendu la parole, et vous croyez devoir vous en servir. Vous rendrez à la Chambre les 363. Ils se retrouveront en présence de celui qui « *ne saurait obéir aux conditions de la démagogie* » et qui, entouré de ses soldats, vous a répondu : « *J'y suis, j'y reste.* » Que feront, en les supposant énergiques, ce qui n'est pas le cas, les députés que vous aurez élus ?

» L'histoire que nos pères nous ont faite avec leurs os, avec leur chair, avec leur sang, va nous répondre.

» Ecoutez-la :

» En 1789, qu'eut fait l'Assemblée nationale en face des mercenaires de la cour? Rien, si le peuple du 14 juillet n'avait pas pris la Bastille. En 1792, qu'eut fait l'Assemblée législative, pourtant républicaine, en présence des Suisses de la Royauté? Rien, si le peuple n'avait pas fait le 10 août. En 1793, qu'eut fait la Convention entre l'étranger du dehors et l'étranger du dedans, si le peuple, toujours admirable, ne s'était installé en permanence, une partie à la frontière, l'autre à sa barre pour lui dicter des vétos? Rien. En 1848, nous avons eu la République. Qui l'a faite? Le peuple de Février. Qui l'a laissée agonisante sous le talon d'un Bonaparte? L'Assemblée nationale. — Que fera en novembre 1877 l'Assemblée des 363? Rien. Elle s'applatira ou sera chassée... à moins que vous ne soyez-là avec des armes.

» Vous le voyez, si vous ne voulez pas que votre triomphe apparent ne soit que le masque de votre défaite, vous devez vous préparer à passer de la parole à l'acte, de l'urne à la barricade, du vote à l'insurrection. Le combat inévitable aura donc lieu. Si le sort ne trompe pas votre courage, si vous êtes vainqueurs, que ferez-vous?

» Vous enfoncerez-vous de nouveau dans le bourbier des gouvernements provisoires? A quoi servirait, ouvriers, d'abattre le gouvernement des *curés* et des *ducs*, si vous installez à sa place le gouvernement des *avocats* et des *bourgeois*? Songez que parmi ceux que vous porteriez au pouvoir il est des hommes que vos pères y ont placés en Février 1848, et ces hommes ont fait fusiller vos pères. N'oubliez pas que parmi ces hommes que vous installeriez au gouvernement, il en est que vos frères y ont envoyés en 1870, et ces hommes ont fait ou laissé massacrer vos frères en mai 1871, et jusqu'ici il a été impossible de leur faire amnistier ceux de vos amis qui ont échappé et qui gémissent en Nouvelle-Calédonie et ailleurs. Souvenez-vous enfin, qu'à eux tous on a donné à garder plusieurs Républiques, et que ces Républiques sont mortes dans leurs mains.

» Va-t-on leur en confier une nouvelle?

» Non, si les barricades dressent leurs pavés sur les places publiques, si elles sont victorieuses, il ne faut pas qu'il en sorte des gouvernants, mais un principe, pas d'hommes, mais la Commune! Ce n'est plus des hommes insurgés que doit rencontrer la réaction, mais des communes insurgées. Il ne faut pas qu'on dise : Gambetta, Grévy, Louis Blanc, mais : Paris, Lyon, Marseille, etc...

« La République unitaire, parlementaire, réactionnaire et bourgeoise doit être morte en France ; vive la République des communes fédérées ! »

Pour la commission de la rédaction française de l'association internationale des travailleurs.

Le secrétaire correspondant,
L. PINDY.

Or, pour avoir négligé de détruire le mal dans son principe, les conservateurs, par leur lenteur et leur indécision, ont exposé leur propre avenir et l'avenir du pays au plus grand des dangers. Le gouvernement, à son tour, pour avoir négligé de mettre un frein à la mauvaise presse, qui détend, tous les jours, les ressorts moraux et fait la guerre à tous les sentiments vraiment patriotiques, a compromis sa propre existence ; il a ouvert les portes à l'anarchie.

Pourrait-on, sans trembler et sans rougir de honte, voir M. le garde des sceaux, demander l'amnistie pour les délits politiques, commis du 16 mai au 14 décembre 1877, quand le gouvernement a si maladroitement épargné les coupables ? quand il n'a frappé, çà et là, que quelques coups détournés, alors qu'il pouvait et devait réduire au silence tous les mauvais journaux !

La loi que propose M. Dufaure à l'approbation du Parlement, n'a aucun des caractères qui constituent l'amnistie, mais c'est une œuvre de parti, une mesure révolutionnaire propre à renverser le pouvoir et à augmenter l'anarchie, déjà si grande, dans les idées. Quand le moral d'un peuple est gâté, que peut-on espérer de lui?

CINQUIÈME DANGER :

LA DIVISION DES PARTIS.

Tandis que dans le camp de la démagogie on travaille, avec une activité dévorante, à renverser le pouvoir, tandis que l'armée du mal a ses chefs, son mot d'ordre, sa caisse, et qu'elle s'organise fortement, à ciel ouvert, la division des partis, l'indifférence universelle, paralysent les efforts des honnêtes citoyens en France.

Notre patrie n'est plus une nation. « On ne peut plus appeler nation, dit l'*Univers,* un pays déchiré, depuis près d'un siècle, par les révolutions et les guerres civiles, où chaque parti est pour l'autre pire que l'étranger, et dont les citoyens sont plus divisés entre eux de religion, de politique, d'idées et de sentiments, que si la nature et l'histoire les avaient séparés par d'infranchissables frontières et des haines séculaires (1). »

Ainsi, légitimistes, orléanistes, bonapartistes, républicains et radicaux se disputent le pouvoir, tels que des acheteurs se disputent un objet mis à l'encan. Du moment, en effet, que les intérêts politiques de ces divers partis sont opposés entre eux, opposés aussi sont les hommes qui les composent et qu'égarent presque toujours les passions politiques.

De là qu'arrive-t-il ? Les partis évincés surveillent le

-----

(1) *Univers* du 29 janvier 1878.

gouvernement avec des yeux jaloux ; ils se conduisent à son égard à peu près de la même manière qu'un commerçant se comporte envers un concurruent malheureux. Dans l'un et l'autre cas , l'infortune des uns semble faire le bonheur des autres, peu importe, l'avenir de la France. Mais de tous ces partis, c'est le parti légitimiste dont la conduite est, sans contredit, la plus digne. Quant aux radicaux, exploiter le pays, escamoter le pouvoir, voilà leur but ; pour eux, en effet, la fin suprême c'est de régner, et le moyen : la haine et le renversement de tout ce qui est pour eux légitimement ou non un obstacle.

Tous compromettent, plus ou moins, l'avenir de la patrie, et tous rejettent sur autrui la cause de ses maux. C'est ainsi qu'à l'heure présente, on met, sur le compte de Sedan, tous les désastres de la France. Mais à bien prendre, Sedan n'est qu'un effet, que le résultat de la division des partis.

Allons au fond des choses et nous verrons que le chef du pouvoir exécutif, sans cesse menacé par les divers partis comme par l'épée de Damoclès, est obligé, avant tout, de veiller à son maintien aux affaires ; car, une fois qu'on a mordu à la pomme du pouvoir, on veut la garder. En conséquence, il mettra des hommes, dévoués à sa cause, à la tête des diverses administrations du pays ; très-souvent, il arrivera que ces hommes, n'étant ni hommes d'Etat, ni diplomates, pas même de bons administrateurs, imprimeront au gouvernement, avec d'excellentes intentions, une fausse direction. Qui avertira le souverain ? Personne. Son entourage lui cachera la vérité ; — ses ennemis politiques favoriseront le mal tout en criant contre lui ; — les journaux, en appelant, la plupart du temps, mal ce qui est bien et bien ce qui est mal, rendront les ténèbres encore plus intenses. De tous côtés, on n'attendra qu'une chose, l'heure de l'agonie du souverain pour en sonner le glas.

Quelquefois le gouvernement sortira d'embarras par des coups de théâtres ; mais comme l'enthousiasme des spectateurs n'est pas de longue durée, obligation pour lui de varier la mise en scène, et de changer la décoration du théâtre. Or, c'est précisément ce qu'a fait Napoléon III.

Pour distraire les esprits et procurer du travail aux ouvriers, l'Empire donna un essor considérable au progrès matériel, mais en laissant de côté le progrès moral, sans lequel, le premier n'est rien. Sous le règne de Napoléon III, fut bâti le nouvel Opéra ; la ville de Paris, qu'on nomme, à juste titre, la reine du monde, fut agrandie et refaite à neuf.

L'empereur, voulant rajeunir son trône, âgé de dix-huit à vingt ans, dont la base avait besoin d'un nouveau plébiscite pour la remettre à neuf, pour en dérober aux regards la caducité précoce, fit apparaître le spectre rouge. Naturellement, de deux maux nous devions choisir le moindre, et Napoléon, extérieurement du moins, eût de beaucoup la préférence.

Mais par malheur pour sa dynastie et sa couronne, l'empereur crut pouvoir recommencer, en Allemagne, la pièce qu'il avait jouée avec succès, quelques années auparavant, en Italie. Cette fois, si l'acteur était le même, le théâtre ne l'était plus, et la conclusion de la pièce encore bien moins ; car, pour vouloir échapper à la révolution qui le menaçait, Napoléon tomba dans les mains de la Prusse, non moins cruelles pour lui.

C'est ainsi que tous les gouvernements, postérieurs à Louis XVI, en voulant se consolider et se maintenir au pouvoir, ont compromis l'avenir de la France. Si, au contraire, les autres nations de l'Europe triomphent de l'esprit révolutionnaire, au dedans, et conservent leur influence, au dehors, c'est parce qu'elles ne sont point minées par la division des partis, comme la France l'est depuis un siècle environ.

Que notre manière d'agir par rapport aux intérêts de la patrie, ressemble peu à la manière de faire des Anglais ! « L'Angleterre donne, en ce moment, à l'Europe le spectacle d'un grand peuple qui, menacé dans ses intérêts vitaux, manque de confiance dans ses chefs, et suit, au jour le jour, les inspirations d'une politique de compromis. Elle n'a, dans ce moment, ni un homme, ni un parti qui puisse la faire rentrer dans la voie de ses traditions nationales. Il n'y a plus comme autrefois, un parti libéral et un parti conservateur, divisés sur les questions de la politique intérieure et même de politique extérieure, mais toujours ralliés au moment du danger sous le drapeau national (1). » A n'en pas douter, si le peuple français avait tenu une semblable ligne de conduite dans les crises douloureuses que traverse la France depuis 1871, notre chère patrie serait forte à l'intérieur et respectée au dehors, son épée et sa parole pèseraient d'un grand poids dans la balance où la question d'Orient va prochainement être réglée.

Hélas ! le parti révolutionnaire, en s'emparant du pouvoir après les désastres de Sedan, a tout compromis. D'abord, il a eu tort de renverser le gouvernement à cette heure critique ; quand le feu est à la maison, on commence par l'éteindre avant de régler les comptes avec l'incendiaire ; nous devions nous débarrasser préa-

---

(1) La question d'Orient, voir l'*Univers* du 1er février 1878.

lablement de la Prusse, sauf à donner plus tard à Napoléon III ce qu'il méritait. De cette manière la France sauvait ses provinces de l'Est.

Ensuite, il ne fallait point continuer, sous M. Gambetta Ier, aussi témérairement qu'on a fait, la guerre que l'empereur avait déclarée avec tant d'imprudence, et que le peuple, dans son gros bon sens, appelle encore la guerre de *mal va ;* en agissant ainsi on aurait épargné le sang français et l'argent de la patrie.

M. de Cassagnac avait donc raison de dire à la tribune à ceux qui attaquaient les bonapartistes : « Il est bizarre, en vérité, que, en matière de coup d'Etat, on vienne nous reprocher brumaire et décembre, quand vous avez chassé tous les gouvernements par la violence ; quand vous avez fait toutes les insurrections contre les lois du pays, et quand vous n'avez jamais eu, et que vous ne l'aurez jamais, ce que nous avons eu nous autres par deux fois : la sanction et l'absolution de l'opinion publique par le suffrage universel (1). »

De quel droit les auteurs du 4 septembre jetteraient-ils la pierre à l'empire? qu'ont-ils à lui reprocher? Le coup d'Etat a eu mieux encore que le 4 septembre, la sanction du suffrage universel, dit l'*Univers,* les commissions mixtes sont entrées dans la légalité. On accuse des généraux d'avoir aidé au coup d'Etat, des magistrats d'avoir fait partie des commissions mixtes. Quels droit ont-ils violé que n'avaient violé, avant eux, les fauteurs de 1848 ou de 1830? Ils ont attenté à la République qui avait renversé la Monarchie, où est leur crime particulier? Ils étaient dans la légalité. La consigne des

---

(1) Séance du 21 janvier 1878.

généraux de 1852 qui ont combattu l'émeute, n'était pas moins bonne que celle des généraux de 1848, qui ont prêté main-forte à la République. Le décret qui instituait les commissions mixtes était aussi légal que les décrets du 4 septembre, qui ont aboli les institutions impériales. En France, il n'y a qu'un pouvoir qui change de nom depuis les révolutions, son origine est la même, ses droits sont les mêmes.

La République dont on veut affubler la France, convient à cette dernière, à peu près comme le vêtement d'un nain conviendrait à un géant, c'est pourquoi elle a en horreur cette forme de gouvernement, « *qui tourne au sang et à l'imbécilité* » dit M. Thiers (1).

Le 17 janvier 1871, M. Thiers écrivait : « Je suis impatient de voir cesser les incompatibilités des partis et l'union se réveiller en France, sauf les dissidences inévitables dans tous les pays libres. La République, en ne donnant à aucun parti le triomphe sur les autres, pourrait opérer ce miracle de pacification. Par malheur la République fait toujours surgir un *personnel déplorable, personnel vulgaire, ignorant, inexpérimenté et violent* (2). » Donc, la République n'est subie par la France qu'en désespoir de cause, et cela, grâce à la division des partis.

Espérons que la présente République, à l'exemple de ses deux sœurs aînées, cédera la place à un autre ordre de choses, plus avantageux pour nous et plus honorable pour la France. Mais cela ne nous empêche pas de lui souhaiter bon voyage.

---

(1) Voir l'*Univers* du 18 janvier 1877.

(2) *Moniteur universel* du 19 mars 1834, pages 6 et 13.

SIXIÈME DANGER :

L'INDIFFÉRENCE UNIVERSELLE.

« L'avenir est à ceux qui agissent, dit Monseigneur Dupanloup, et aux causes pour lesquelles on agit. Les vérités ne se défendent pas toutes seules ; elles résistent, elles vivent, elles triomphent, par le grand cœur de ceux qui les aiment et les défendent (1). » Or, de nos jours, que se passe-t-il en France ? D'une part, les révolutionnaires déploient le zèle le plus grand , afin de voir leurs efforts couronnés de succès ; ils marchent résolûment, de victoire en victoire, à l'assaut du pouvoir ; ils se vantent d'avoir trouvé la solution des problèmes sociaux et de ramener parmi nous l'âge d'or ; ils font enfin à l'autorité légitime une guerre non moins funeste que Néron en fit à l'Eglise aux premiers siècles du Christianisme ; de l'autre, les honnêtes citoyens, les gens d'ordre, laissent le vaisseau de l'Etat aller au gré des flots, et cela, parce que l'indifférence universelle refroidit le dévouement, le patriotisme, comme les froids de l'hiver arrêtent la végétation.

On dirait, dans les circonstances douloureuses que nous traversons, que les conservateurs prennent pour modèle l'empire Austro-Hongrois ; dans cet Etat, dont l'avenir offre des craintes sérieuses, chaque province, au

____

(1) Lettre sur les futures Elections de 1877.

détriment de la mère patrie, réclame son autonomie, à peu près comme chaque propriétaire, chaque parti politique ne voit que ses intérêts propres, sans s'occuper du bien général du pays. C'est ainsi que la France agonise dans les bras de ses enfants.

Ah ! que nous sommes loin de ces temps heureux où nos ancêtres avaient pour devise « Dieu et le Roi ! » La Religion, alors, était florissante ; la patrie était forte au dedans et respectée au dehors. L'histoire nous apprend, en effet, qu'à toutes les époques de la vie, le vrai patriotisme en France a toujours été le compagnon inséparable des sentiments religieux, et, que la décadence de l'un entraîne nécessairement la décadence de l'autre, de même que la force de l'un fait la force de l'autre. Cette vérité est si évidente, que M. Sarcey, dans les colonnes du *XIXe Siècle,* signale les départements où les révolutionnaires ont subi « *les pertes les plus douloureuses,* » comme étant ceux où les convictions religieuses sont plus particulièrement fermes et agissantes (1).

Mais en cela rien d'étonnant ; car en combattant pour son Dieu, sa religion, ses autels, le chrétien combat, par là même, pour son foyer domestique, qui ne sera vraiment en paix qu'autant que sa foi triomphera ; « le jour où le sentiment religieux disparaîtrait et céderait définitivement sa place aux simples données de la loi naturelle, nous ne serions pas loin de tomber dans les ténèbres intellectuelles et morales, qui caractérisent la barbarie (2). »

Alors, pourquoi la France, du moins la France gouvernementale, a-t-elle proclamé la liberté de conscience,

---

(1) Voir l'*Univers* du 13 novembre 1877.

(2) *Essai sur les Caractères de la vérité,* par Aimé Michelet, p. 129.

la liberté des cultes ? Pourquoi a-t-elle supprimé la religion d'Etat et ne fait-elle que tolérer la religion catholique ?

« On a bien entendu dire que la sagesse conseillait de tolérer temporairement certaines erreurs ; mais tolérer la vérité, qu'est-ce autre chose qu'une prétention insolente et sacrilége , une séditieuse protestation contre la souveraineté qui lui appartient dans le moral , un implicite aveu de l'impuissance où l'on est de la détruire ? Qui jamais ouït parler, avant ce siècle des lumières, de tolérer l'immortalité de l'âme, la vie future, le châtiment dn crime et la récompense de la vertu, de tolérer Dieu ! Aussi, à quoi se réduit, en réalité, cette tolérance ? Contemplez l'état de la religion ; on ne la proscrit plus, mais on l'asservit ; on n'égorge plus ses ministres, mais on les dégrade, pour mieux enchaîner le ministère.

» L'avilissement est l'arme avec laquelle on la combat. On lui prodigue le mépris, l'outrageant dédain, et l'injure encore plus amère d'une insuffisante protection. Quelques pièces de monnaie, que l'avarice qui donne, envie à la misère qui reçoit, des honneurs dérisoires, des entraves sans nombre, des lois oppressives, des dégoûts perpétuels et des fers ; voilà les magnifiques largesses dont la plupart des gouvernements ne se lassent point de la combler. Instruits par une expérience terrible, ils n'osent plus essayer de s'en passer entièrement ; mais un sentiment plus fort que la voix de l'expérience, les porte à démolir d'une main, ce qu'ils édifient de l'autre. L'intérêt même, l'intérêt d'ordinaire si puissant, n'a pas assez de pouvoir pour les engager à dissimuler l'aversion secrète que leur inspirent les croyances qui sont leur sauvegarde. Convaincue à regret de la nécessité d'unir la terre au ciel, et l'homme à son auteur, la haute politique de nos jours va chercher au fond du sanctuaire l'Etre souverain qu'on adore ; elle le revêt de lambeaux de pourpre, lui met un sceptre de roseau à la main, sur la tête une couronne d'épines, et le montre au peuple en disant, voilà Dieu ! (1) »

Une telle façon d'agir fait saigner le cœur, et l'on ne peut voir, sans que la rougeur ne monte au front, la France, la fille aînée de l'Eglise, pourvoir, indistincte-ment, à la subsistance des ministres des religions les plus opposées ; payer les uns pour prêcher la divinité du Christ et les autres pour la nier, — ceux-ci pour affirmer sa réelle présence dans la divine Eucharistie, et ceux-là pour la révoquer en doute , — ce qui veut dire que l'Etat confond, dans un égal dédain, Jésus-Christ, Luther et Calvin. Qu'il assimile encore la véritable Eglise aux sectes hérétiques, qui sont une opposition ou-verte à la volonté de Dieu , à l'ordre établi par lui. Par là, il reconnaît, implicitement, que les religions sont toutes fausses ou au moins douteuses ; il porte les peuples au mépris de toute vertu et accomplit la disso-lution matérielle de la société par sa dissolution morale.

Que dis-je ! l'Etat enlève au peuple et à lui-même leur plus ferme appui. La religion était , en effet , dans le gouvernement , pour veiller aux intérêts du peuple , et le défendre contre les abus du pouvoir ; elle était dans le peuple , pour veiller à l'existence du gouvernement , et le protéger contre l'anarchie. Du moment que la reli-gion a disparu comme croyance , il n'existe plus, parmi nous, de digue contre le despotisme ni contre l'anarchie.

« L'oubli et le mépris de la religion furent la cause

---

(1) *Essai sur l'Indifférence,* introd., p. 26 et 27.

principale des maux que Rome éprouva dans la suite ,
dit Bolingbroke ; la religion et l'Etat déchurent dans les
mêmes proportions (1). » Or, n'est-ce pas ce qui a lieu
chez nous aujourd'hui ?

Le gouvernement, en supprimant la religion d'Etat ,
en proclamant la liberté des cultes, a posé des principes
dont le peuple, plus logique qu'on ne pense, tire à présent les terribles conclusions.

En effet , de même qu'aux yeux du gouvernement
toutes les religions sont également bonnes ; qu'on peut
également plaire à Dieu aussi bien par le vice que par
la vertu, ainsi, aux yeux du peuple, toutes les formes
de gouvernement sont indifférentes, voir même le radicalisme ; d'après lui encore, on peut, tout aussi bien,
servir la patrie en renversant le pouvoir, qu'en lui restant soumis. Dès lors on ne se préoccupe pas plus, comme citoyen , de l'avenir du pays, des embarras du gouvernement , qu'on ne fait attention aux affaires de
l'Eglise, à laquelle , cependant , des liens sacrés rattachent. Ne soyons donc point étonnés si l'indifférence ,
qui empêche l'homme de remplir ses devoirs de chrétien, l'empêche également de remplir ses devoirs de citoyen. L'indifférence religieuse prépare les voies à l'indifférence universelle, à l'indifférence électorale par conséquent.

Oui, à n'en pas douter, si le sentiment religieux avait
été plus vif dans les cœurs, lors des dernières élections,
il y aurait eu plus de patriotisme et beaucoup moins
d'abstention ; car tous, pour sauvegarder les intérêts de
la France et de l'Eglise, auraient voté comme un seul
homme, et nous n'aurions pas a déplorer les faiblesses

---

(1) *Essai sur l'Indifférence,* tome IV, page 428.

du gouvernement, ni à rougir du trop funeste succès de ses ennemis.

Que l'animal, privé de l'usage de la raison, vive et meure sans s'inquiéter du lendemain, cette insouciance est conforme à sa nature, à ses destinées. Mais, quand l'homme, doué de facultés infiniment plus nobles, capable de prévoir l'avenir, capable de le préparer, ne s'en préoccupe pas et se met, de sa volonté propre, au niveau de la brute, cela épouvante ; et dans la langue française il n'y a pas de qualificatif assez énergique pour flétrir cette ignoble conduite.

Cependant, on trouve dans le monde certains esprits qui affichent, avec ostentation, leur indifférence pour tout, comme d'autres affichent leur incrédulité, bien que l'indifférence résulte toujours du défaut de lumière chez l'homme ou de l'imperfection de son intelligence.

Le laboureur, par exemple, sans cesse occupé à la culture de ses champs, est indifférent sur les lois de l'attraction, qui maintiennent la terre dans son orbite, parce qu'il ignore ces lois, lesquelles sont loin, cependant, d'être indifférentes en elles-mêmes, puisque l'ordre de l'univers en dépend. Aussi Dieu, qui connaît tout, n'est indifférent sur rien, alors que l'homme est plus ou moins indifférent, selon qu'il est plus ou moins ignorant.

Donc, on ne peut, sans se donner un certificat d'ignorance, rester indifférent sur l'avenir du pays, aujourd'hui surtout que les radicaux ont la main sur le chef de l'Etat, sur le ministère, sur le Parlement, sur la magistrature et sur l'armée. Celui qui ne pense point à la patrie est indigne de vivre.

SEPTIÈME DANGER :

LA LIBERTÉ DE LA PRESSE.

L'indifférence, considérée soit au point de vue politique, soit au point de vue religieux, est une honte pour l'homme. Considérée, sous ce double rapport, dans ses conséquences nécessaires, c'est un crime, puisqu'elle laisse prendre les clefs de la citadelle aux ennemis de la patrie et aux ennemis du salut. Qu'un mort soit indifférent aux honneurs qu'on lui rend, aux éloges qu'on lui décerne, très-bien ; mais qu'un vivant reste insensible aux dangers de la patrie, à son propre avenir, c'est un délire de malade ; c'est l'indice certain que le cœur ou l'intelligence sont gravement endommagés.

Avec le régime parlementaire, sous lequel nous vivons ; avec la liberté de la presse, son complément indispensable, et le suffrage universel, tel qu'il se pratique en France, l'indifférence, logiquement parlant, est une monstruosité.

Comme on sait, l'essence propre du régime parlementaire consiste dans la discussion, la lutte, la compétition et l'assaut du pouvoir, de manière que la vie parlementaire est une vie de combat ; la victoire appartient au plus habile ; mais, en politique, le plus habile est toujours le plus fort ; et le peuple, incapable de faire la part des circonstances, se tourne volontiers du côté des vainqueurs.

Chaque citoyen ayant le droit de contrôler, de censurer publiquement les actes du gouvernement; tous, gouvernants et gouvernés, réclament la liberté de la presse : le chef de l'Etat, afin d'exposer sa politique, — le cabinet pour justifier ses actes, — les députés pour mettre les électeurs au courant de ce qui se passe à la Chambre, — le peuple, soit pour éclairer, soit pour blâmer le ministère, soit enfin pour approuver ou désavouer ses mandataires.

C'est pourquoi tous ont besoin de recourir à la voie des journaux, et revendiquent la liberté de la presse, avec autant d'ardeur, que s'il s'agissait de leur fortune ou de leur propre vie. D'ailleurs, le gouvernement ne pourrait point la supprimer sans mettre la législation du pays en désaccord avec la Constitution.

Nous reconnaissons néanmoins, que la liberté de la presse, toute indispensable qu'elle soit sous un gouvernement parlementaire, est un véritable fléau pour la France, car elle ébranle, elle fait disparaître les principes religieux et politiques, sur lesquels repose l'édifice social. Les poisons, sagement administrés, sauvent le malade; mal administrés, ils lui donnent la mort ; ainsi en est-il, chez nous, de cette liberté.

L'homme ne peut exister sans foi et sans amour. Par son esprit, il vit de croyances, et par son cœur, il vit de sentiments. De même, le peuple vit de croyances et de sentiments. Or, la liberté de la presse, telle qu'elle se pratique en France, pervertit l'intelligence et le cœur de l'homme et du peuple, en prêchant l'athéisme et le sensualisme.

En supprimant Dieu, elle supprime sa providence avec les récompenses et les châtiments de l'autre vie ; elle enlève, par conséquent, au torrent des passions ses digues ; il ne reste plus à l'homme, qu'à suivre ses instincts mauvais, qu'à se repaître de grossières jouissances, qu'à se hâter de jouir des biens, des honneurs, des plaisirs de ce monde, du moment qu'à la mort tout finit pour lui.

Ne voulant ni Dieu ni loi divine, elle affirme que l'homme est libre par nature, affranchi de toutes lois, maître absolu de lui-même et de ses actions ; que sa liberté ne peut être gênée qu'autant qu'il y consent pour son bien ; que la société civile est fondée sur un contrat par lequel l'homme s'est soumis aux lois et au souverain, afin d'en être protégé ; que quand il sent qu'il est mal gouverné, il peut rompre son engagement et rentrer dans l'indépendance (1).

Evidemment c'est une contradiction d'affirmer que l'homme est destiné à l'état de société par nature, que cependant il est libre par sa nature et affranchi de toute loi. La société peut-elle donc exister sans loi, et y a-t-il des lois lorsque personne n'est tenu de les observer ? Quoi qu'il en soit, la liberté politique, poussée jusqu'à ces dernières limites, ouvre les portes à l'anarchie, fraye le chemin à la révolution ; nous savons combien de la théorie, il est facile de passer à la pratique.

Mais, la mauvaise presse, après avoir détruit, aux yeux du peuple, les vrais principes de toute autorité, traîne dans la fange les dépositaires de la puissance civile et religieuse. Que ne débite-t-elle pas tous les jours contre l'Eglise, contre le pape, les évêques, les prêtres et les ordres religieux ? Que n'a-t-elle pas dit, et que ne dit-elle pas encore, contre la personne du Maréchal et contre son gouvernement ? Elle nie ouvertement ses

______

(1) Voir la réfutation de ce système, Bergier, au mot *Société*.

droits. Ici, c'est l'armée qu'elle veut corrompre, là, c'est l'administration qu'elle désorganise, ailleurs, c'est la magistrature qu'elle flétrit, partout elle donne la main à l'incapacité turbulante et méconnaît le vrai mérite. Ainsi, le peuple qui admet, comme article de foi, les affreux mensonges des mauvais journaux, passe, sans s'en douter, du mépris de la personne au mépris du pouvoir.

Les mœurs ne sont pas davantage respectées.

A lire les écrits obscènes qu'on imprime chaque jour, on dirait que la presse a mission d'élever, au sein de la nation, des autels à l'infamie. Les vertus domestiques, la fidélité conjugale, la chasteté, sont tournées en ridicule, alors qu'on élève jusqu'au ciel l'amour libre et les obscénités les plus révoltantes, et cela avec l'autorisation de la censure. Quel malheur! que la jeunesse fasse chaque jour ses délices de lectures malsaines!

On oublie trop que le premier effet, « l'effet inévitable des habitudes voluptueuses, est de lier les puissances de l'âme, et d'en exclure toute autre pensée que celle des vils plaisirs, dont elle s'est rendue l'esclave. Distrait par des désirs sans cesse renaissants, obsédé par d'impurs fantômes, l'esprit perd sa vigueur et sa fécondité, tout s'altère et dépérit, la mémoire s'éteint, le caractère s'énerve, le cœur se dessèche. On ne sait plus aimer, ni compâtir, ni répandre les délicieuses larmes de l'attendrissement. Le visage même s'empreint d'une expression dure et repoussante. Des traits heurtés et morts annoncent que la source des doux sentiments, des pures émotions, des joies innocentes, est tarie. On dirait que la vie s'est réfugiée toute entière dans les organes (1). » Or, quand un peuple ne vit plus que par les sens, c'est une preuve qu'il touche à sa fin.

----

(1) Essai sur l'*Indifférence,* t. I, chap. 10, page 251.

Grand Dieu ! le dirais-je ! malgré l'évidence des faits, on trouve des personnes, en France, qui se disent catholiques et qui prêchent en faveur de la liberté ; de la presse ; car, disent-elles, du choc jaillit la lumière, il est plus facile alors de discerner la vérité de l'erreur. En théorie, c'est possible, mais dans la pratique, c'est presque toujours le contraire qui arrive.

En effet, l'homme croit plus facilement le mal que le bien ; l'ironie, le mensonge, la calomnie, les propos obscènes, font généralement plus d'impression sur le peuple, qu'une argumentation serrée, qu'un langage honnête et correct. On ouvrira attentivement pour écouter l'accusateur des oreilles, qu'on fermera bien de crainte d'entendre l'accusé ; la preuve, c'est que les mauvaises brochures, les romans obscènes, les mauvais journaux, tous ennemis jurés de la vérité et de la vertu, sont en faveur au foyer domestique, au magasin, à l'atelier, à la caserne, dans les gares de chemin de fer, dans les cabarets, les cafés, les estaminets, en wagon, aux bains de mer, alors que les bons livres, les bons journaux, en sont soigneusement écartés. Mais on jugera quand même.

HUITIÈME DANGER :

LE SUFFRAGE UNIVERSEL.

Un autre motif, qui doit faire cesser toute indifférence pour la patrie, c'est le suffrage universel, l'uné des plus grandes plaies de notre époque. C'est lui qui dicte des lois aux souverains, qui arrête ou fait fonctionner les ressorts administratifs ; en un mot, il est au gouvernement ce que le balancier est à l'horloge, ce que le pouls est à l'homme, c'est-à-dire le grand régulateur de la politique, le maître absolu de la situation.

De même que le maître appelle d'un lieu à l'autre son serviteur, ainsi le suffrage universel fait passer le pouvoir des mains de l'aristocratie, dans celles de la bourgeoisie, et des mains de la bourgeoisie, entre les mains de la démocratie, ce qui lui est d'autant plus facile, qu'il établit le pouvoir sur le droit de le renverser.

Le négociant, l'industriel, l'homme des champs, voire même le simple artisan, ne se contentent plus de se retirer des affaires, avec des écus et de vivre, comme on dit vulgairement, la canne à la main, ils veulent devenir des hommes politiques, des hommes d'Etat. Aveugle comme l'amour, le suffrage universel ne choisit pas, il prend ses candidats sans discernement, aussi lui arrive-il d'expédier, à la Chambre des députés, de vrais colis de zéros , avec lesquels M. Gambetta trouve cependant moyen de centupler ses unités. A l'exemple donc des chiffonniers, qui ne laissent rien perdre, ce monarque sans trône, ce roi sans couronne, tire partie de tout. Peu importe, après tout, la valeur personnelle des soldats, quand ils ont à leur tête un excellent général. Certes , l'administration préfectorale s'en est aperçue, comme du reste, la magistrature et l'armée peuvent s'en apercevoir maintenant.

Mais il ne suffit plus au suffrage universel de faire des conseillers municipaux, généraux et d'arrondissement, avec des députés; à l'exemple du temps et de la nature, qui font les sociétés, il veut, à son tour, faire et défaire les empires, comme il fait et défait les députés, par exemple.

« Une des plus dangereuses folies de notre siècle, est de s'imaginer que l'on constitue un Etat ou qu'on forme une société du jour au lendemain, comme on élève une manufacture. On ne fait pas les sociétés; la nature et le temps les font de concert; et voilà pourquoi il est difficile qu'elles renaissent, lorsque l'homme les a détruites; la même action qui a détruit, s'opposant à l'action réparatrice du temps et de la nature. On veut tout créer instantanément, tout créer d'imagination, et fondre, en quelque sorte, la société d'un seul jet, d'après un modèle idéal, comme on coule une statue de bronze. L'on substitue en tout les combinaisons arbitraires de l'esprit, aux rapports nécessaires, aux lois simples et fécondes qui s'établissent d'elles-mêmes, quand on n'y met pas d'obstacles , comme les conditions indispensables de l'existence.

» Lorsque épris de théories chimériques, on a commencé à renverser, on ne doutait de rien, parce qu'on a beaucoup agi, beaucoup souffert, et qu'après avoir disséqué des peuples tout vivants, pour chercher dans leurs entrailles les mystères de l'organisation sociale, la science doit être complète, et la société parfaitement connue. Dans cette croyance, rien n'arrête, rien n'embarrasse ; on constitue et on constitue encore ; on écrit sur un morceau de papier qu'on est une Monarchie, une République, en attendant qu'en réalité, on soit quelque chose, qu'on soit un peuple, une nation. C'est un problème encore indécis de savoir combien de temps cet assemblage d'êtres humains peut subsister en cet état. Mais il y a une loi immuable contre laquelle rien ne prévaut. Toute société qui, étant sortie des voies de la nature, s'obstine à n'y point rentrer, ne se renouvelle que par la dissolution, et ne recouvre sa vigueur qu'en perdant tout et souvent même jusqu'au nom de nation. Il faut, ainsi que l'homme, qu'elle traverse le tombeau pour arriver à la vie une seconde fois (1). »

Avec les principes dissolvants qui agissent presque seuls en France, il est vivement à craindre que le pays, pour trouver la grandeur et la vie une seconde fois, ne soit obligé de passer, lui aussi, par les horreurs de la tombe !

Une chose certaine, c'est que les avant-coureurs du trépas apparaissent déjà : la religion, l'unique fondement des devoirs, comme, à leur tour, les devoirs sont l'unique lien de la société, est mise de côté. Or, sans religion plus de devoirs, sans devoirs plus de liens de la société, et sans lien social plus de société, par conséquent.

La Constitution du pays, toute imparfaite qu'elle est, n'étant point l'expression adéquate des rapports naturels des sujets et du pouvoir, vient d'être violée par le Parlement, qui, contrairement à ses attributions, a

---

(1) *Essai sur l'Indifférence*, t. I, chap. 10, p. 327.

nommé une commission d'enquête. — Indépendamment de cela, depuis longtemps déjà, le pouvoir n'était plus respecté. En 1871, par exemple, sous les yeux de l'ennemi vainqueur et de la France agonisante, la Commune déclara la guerre à l'Assemblée nationale, souveraine alors. A cette époque, la France eut la douleur de voir incendier le palais de ses rois, égorger les ôtages, démolir la colonne Vendôme, dernier vestige de la valeur de ses soldats et de la gloire de ses armes. Que dis-je ! elle subit l'humiliation de voir le suffrage universel, en pontife suprême, donner aux auteurs de tant de crimes une absolution générale.

Pour que notre chère patrie n'ait point trouvé la mort au milieu de tant de désastres ; pour qu'elle n'ait point succombé au milieu de tant de commotions politiques, qui déchirent son sein, il faut qu'elle ait l'estomac aussi fort qu'était celui de Mithridate, que le poison ne pouvait atteindre.

Avec le suffrage universel, tel qu'il se pratique, c'en est fait de la France et de ses lois. Les *candidatures du mensonge et de la calomnie*, cent mille fois plus dangereuses que les candidatures officielles, démoralisent le peuple et désorganisent le pays ; et les électeurs, trop crédules, vendent, pour un verre de vin, leur voix aux ennemis de la patrie, aux descendants de Robespierre et de Marat, comme Esaü vendit autrefois son droit d'aînesse pour un plat de lentilles.

Mais, chose incroyable, terrifiés à la pensée des maux imaginaires qu'on étale devant eux, les électeurs croient servir la patrie en envoyant à la Chambre les ennemis du pouvoir. Oui, le peuple égaré, séduit, indignement trompé par les mauvais journaux, par les discours révolutionnaires de misérables aventuriers, vote pour des gens sans aveu ; alors, comme jadis, c'est Barabbas qui a la préférence.

« Dans le septième district de New-York, deux candidats se trouvaient en présence, et tous les deux appartenaient au parti démocrate , quoique de nuance différente. L'un d'eux était un joueur de profession, voleur, boxeur, souteneur de maisons infâmes, avec lesquelles il a fait sa fortune, repris de justice, corrompu, sans éducation. L'autre candidat est un des hommes les plus renommés de la ville par son éducation, sa probité et son honorabilité parfaite.

» Le gredin a été nommé. Qu'on dise après cela que le suffrage universel n'est pas intelligent (1). » Or , n'est-ce pas ce qui a lieu également en France.

Il ne faut donc plus être étonné d'entendre M. Emile de Girardin affirmer « que la Constitution ne reconnaît point un droit des honnêtes gens ; en pays de suffrage universel, dit-il, il n'y a que des majorités ou des minorités. Tout commentaire est superflu : l'honnêteté est un mot au regard des principes républicains. Nulle loi constitutionnelle n'a stipulé les droits de l'honnêteté. Il n'existe dans une société démocratique, que des forces inégales de masse et de vitesse ; il n'existe que des quantités supérieures écrasant des quantités moindres, c'est toute la loi (2). »

Aux élections du 14 octobre dernier, en effet, on s'est aperçu que l'honnêteté faisait défaut dans le camp des démocrates ; ces derniers , pour se rendre le scrutin favorable , usèrent de tous les moyens possibles ; ils firent même appel aux sociétés secrètes pour conduire,

---

(1) Voir l'*Univers* du 6 décembre 1877.

(2) Voir l'*Univers* du 22 octobre 1877.

sous leur escorte , les électeurs à l'urne électorale , tel que les gendarmes conduisent des criminels en prison.

Ainsi à Tours, la loge maçonnique a dirigé la campagne électorale avec le concours de centurions qui , eux-mêmes commandaient à des décurions. Chaque décurion répondait de dix voix ; chaque centurion des voix de dix décurions (1).

A Chatellerault, on a crié à bas Mac-Mahon ! vive la République ! vive la Commune ! vive la guillotine (2). Et l'on appelle cela de la liberté, de la fraternité ! N'est-il pas vrai que si les conservateurs s'étaient permis de telles choses, ils seraient pendus?

Enfin, le suffrage universel, en mettant sous les yeux les forces exactes des combattants , offre un autre danger, que voici :

Autrefois dans le petit Etat d'Athènes, le plus civilisé de tous les Etats grecs, il y avait quatre cent mille esclaves sur vingt mille citoyens , c'est-à-dire vingt esclaves pour un homme libre (3). Or, croit-on que, si à cette époque on se fut compté, comme on le fait aujourd'hui, les vingt mille citoyens fussent restés longtemps les maîtres?

Du train dont vont les choses, si rien ne survient pour arrêter les succès grandissants de la révolution , avant peu le suffrage universel dictera des lois au monde. Mais que deviendra la société avec une épée dans la main d'un fou ?

Les conservateurs indifférents trouveront , peut-être , que nous chargeons le tableau ; ils diront encore, que la majorité de la Chambre ne représente pas les vrais

---

(1) Voir l'*Univers* du 26 octobre 1877.

(2) Voir l'*Univers* du 24 octobre 1877.

(3) Voir Rekbocher, t. II, livre 24, pages 508 et 509.

sentiments du pays. Qu'est-ce que cela fait? L'expérience ne démontre-t-elle pas que la démagogie, une fois au pouvoir, marche quand même.

« Les plus grands démagogues de la Convention et de la Commune de Paris, dit Mgr Dupanloup, les Petion, les Danton, les Chaumette, les Hébert, ces hommes qui ont ensanglanté la France, à qui durent-ils leur élection et leur fatale influence? A de très faibles minorités. Mais ces minorités, grâce à l'inaction des honnêtes gens, devinrent des majorités toutes puissantes.

» Sur 80,000 électeurs inscrits, Petion fut nommé maire de Paris par 6,600 seulement; sur le même nombre d'électeurs inscrits, Danton fut nommé substitut du procureur-syndic de la Commune par 1662 voix. Hébert et Chaumette furent élus à la Commune dans leurs fonctions, l'un par 56 voix et l'autre par 53. Et la Convention elle-même ne fut nommée que par un million 500,000 votants. Voilà ce que fit alors la défaillance et, je dirai le vrai mot, la désertion des honnêtes gens terrifiés (1). » Voilà encore ce que fera l'indifférence des gens d'ordre, des honnêtes citoyens. Par malheur, les hommes de cœur, à notre époque, oublient trop facilement que les principes fondamentaux de l'ordre civil et religieux, ont besoin de leurs lumières, de leur dévouement, pour renverser les obstacles et faire sentir leur salutaire influence.

---

(1) Lettre sur les futures Elections du mois d'octobre 1877.

NEUVIÈME DANGER :

LES FAUTES DU MINISTÈRE.

Indépendamment des dangers qui résultent pour la France du régime parlementaire, sous lequel elle vit, il en est d'autres non moins funestes pour elle, qu'il faut imputer à ses gouvernants.

Qui ne sait que le principal appui du gouvernement représentatif consiste dans l'habileté des hommes plutôt que dans la force des institutions du pays? Il importe donc que les forces vives de la patrie ne soient point abandonnées à des aventuriers de la politique.

Jadis, si sous l'antique dynastie des Bourbons, la France marchait à la tête des nations de l'Europe, c'était parce qu'elle avait un programme sagement combiné et bien défini, auquel le roi et les ministres se conformaient scrupuleusement ; les hommes disparaissaient du pouvoir, mais le programme restait.

Aujourd'hui, le gouvernement n'a plus, à vrai dire, de programme ; il marche à l'aventure, il vit en quelque sorte d'expédients. Autant de ministères, autant de programmes différents, voire même contradictoires. Ainsi les ministres nous font passer successivement du blanc au noir et du noir au rouge, sans trop se rendre compte des étapes qu'ils parcourent, ni du but vers lequel doivent tendre leurs efforts. En cela rien d'étonnant, puisqu'à l'heure présente, ce n'est plus le mérite ni le talent qui ouvrent les portes des ministères, mais le suffrage universel, espèce de sacrement qui fait les sénateurs, les députés et les ministres, sans pouvoir leur conférer les grâces d'état, dont ils ont pourtant un si grand besoin ; aussi, toute la liberté, toute la puissance du chef du pouvoir exécutif, dans le choix des ministres, consiste à dire ainsi soit-il.

De ce que l'on sera député ou sénateur, qu'on appartiendra à la majorité du Parlement, est-ce à dire qu'on soit apte à remplir les fonctions de ministre ? Pas le moins du monde. Il faut prendre les hommes capables où ils se trouvent. Or, c'est parce que de tels hommes font défaut dans les rangs du pouvoir, que la France se désorganise et perd son prestige dans le monde.

La grande préoccupation du ministère qui arrive, est de prendre toujours le contre-pied du ministère qui s'en va, quand ce dernier, à l'exemple de la femme d'Ulysse, n'a pas défait lui-même son propre ouvrage.

En effet, un des premiers actes du nouveau ministère est de changer le personnel administratif, qui fonctionnait sous l'ancien cabinet. Si l'on additionnait les fonctionnaires qui, depuis sept ans, ont habité les préfectures et les sous-préfectures, on aurait un total que ma plume refuse de poser, et grand serait notre étonnement à la vue du nombre considérable d'uniformes, qu'il a fallu pour vêtir tant de solennelles nullités.

Que diraient Messieurs les recteurs d'Académie, si par hasard, il passait par la tête de M. le ministre de l'instruction publique de changer d'instituteurs, comme M. le ministre de l'intérieur change de préfets et de sous-préfets ? Ils diraient, avec raison : autant vaudrait fermer les écoles. Eh bien ! les gens d'ordre, les gens de bon sens disent également : autant vaudrait fermer les préfectures et les sous-préfectures, car avec ce va et vient continuel de fonctionnaires, il est impossible d'administrer les départements. Les puissances étrangères disent que nous jouons la comédie ; elles se moquent de nous ; certes, ce n'est pas à tort.

L'avant-dernier cabinet avait défendu à tous les fonctionnaires de l'Etat de comparaître devant la commission d'enquête et de répondre à ses interrogations , — le ministère actuel leur ordonne , au contraire , de se mettre à la disposition des commissaires enquêteurs ; M. le garde des sceaux va même plus loin , il ordonne aux juges d'instruction de faire comparaître devant eux ceux que la commission d'enquête signalera.

Que dis-je ! non-seulement les actes des divers cabinets sont en désaccord entre eux, mais encore les propres actes du même cabinet ; vraiment, c'est à n'y pas croire.

N'est-il pas vrai que le coup d'Etat du 16 mai 1877 s'allie aussi difficilement avec les principes de 89 que la vertu et le vice, que la lumière et les ténèbres s'allient ensemble ? Car ces choses , étant la négation l'une de l'autre , s'excluent mutuellement. Par conséquent , le ministère du 16 mai , l'enfant gâté du Maréchal , beau comme le soleil levant , aurait dû, par respect pour sa naissance, car noblesse oblige, ne pas renier son origine.

Or, de même que le mauvais chrétien ne peut effacer en lui le caractère sacré du baptême , qu'il déshonore cependant par les dérèglements d'une vie coupable , ainsi le ministère précité a voulu, lui aussi, renier politiquement son origine, c'est pourquoi M. de Fourtou a dit en plein Parlement : « Nous sommes la France de 89 contre la France de 93. » Quant à nous, du moins pour le quart d'heure, nous ne saisissons pas la manière dont le 16 mai donne la main à 89, et la manière dont 89 la refuse à 93. A notre humble avis, c'est le contraire qui a lieu. La route est frayée, l'expérience est faite, 89 conduit à 93 aussi sûrement que le jour conduit à la nuit.

On avertissait de toutes parts le gouvernement que les 363 de la Chambre travaillaient activement contre lui ; il ne tint aucun compte de ces charitables avis, et carte blanche fut laissée aux révolutionnaires ; la preuve c'est que le cabinet, qui aurait dû empêcher ou enrayer l'action néfaste de la propagande radicale, n'a rien fait et a tout laissé faire.

Avouons qu'après avoir dit : « Nous sommes la France de 89 contre la France de 93, » le cabinet ne pouvait guère faire autrement sans tomber dans de nouvelles contradictions. Les radicaux, au contraire, retournèrent avec habileté les principes de 89 contre le gouvernement du Maréchal.

Sans doute M. le ministre n'avait pas prévu cette conséquence de ses déclarations libérales, dit l'*Univers*. En professant si haut pour le compte du gouvernement les principes de 89, il donnait à l'opposition le droit de s'en servir aussi. Quand la presse républicaine combattait à outrance le gouvernement et employait à le ruiner dans l'esprit des populations tous les moyens de propagande que lui assure la liberté, c'était un principe de 89. Quand le suffrage universel, au nom de la souveraineté du peuple, s'est soulevé contre la violence que le gouvernement voulait lui faire, c'était encore un principe de 89. Ou il fallait répudier ces principes, ou il fallait reconnaître que l'entreprise du 16 mai était incompatible avec la liberté de la presse et la souveraineté du peuple. Le 16 mai contredisait 89. L'opinion libérale, éveillée par les journaux, a saisi cette contradiction entre les actes et les maximes du gouvernement.

Elle s'est prévalu des principes affichés par les ministres comme de leur reniement. 89 lui assurait la liberté de la presse; elle s'en est servi pour attaquer l'acte du 16 mai et la politique du gouvernement. 89 lui assurait encore la souveraineté; elle en a usé en opposant sa volonté à celle du Maréchal. C'est 89 qui l'a insurgée contre l'acte d'autorité du chef de l'Etat; c'est 89 qui l'a fait protester contre la conduite et les agissements électoraux du ministère. C'est 89 enfin qui lui a fait répondre au manifeste du maréchal de Mac-Mahon ce mot qui résume toutes les idées révolutionnaires : « On ne parle pas ainsi à un peuple (1). » Voilà comment 89, le 14 octobre dernier, renversa le 16 mai.

D'un autre côté le ministère, ne voulant rien faire pour assurer au futur Corps législatif une majorité conservatrice, aurait dû, il nous semble, fixer l'époque des élections aussitôt après la dissolution de la Chambre; de cette manière il ne laissait point aux radicaux le temps de s'organiser ni de tromper les esprits. Tout porte à croire que s'il en avait été ainsi, le gouvernement triomphait.

Le ministère actuel est loin, lui aussi, d'être immaculé : son origine, sa physionomie et ses actes nous inspirent des craintes pour l'avenir. D'abord c'est l'enfant du 13 décembre; ensuite plusieurs de ses membres sont protestants et tous permettent aux traditions révolutionnaires de se substituer au principe d'autorité.

Nous avons salué tout d'abord avec plaisir le retour de M. Dufaure aux affaires; le zèle, le talent avec les-

____

(1) Voir l'*Univers* du 19 octobre 1877.

quels, dans la séance du 25 novembre 1876, il avait défendu le budget des cultes, nous faisaient concevoir sur lui de grandes, d'heureuses espérances.

Mais le mouvement judiciaire opéré par M. Dufaure, le projet d'amnistie présenté par lui, montrent que nous nous sommes trompés ; cet homme, qui autrefois, en effet, respectait scrupuleusement la hiérarchie, et se refusait à porter le désarroi dans l'administration de la justice dont il était le chef, commet à présent des fautes grossières en mettant la magistrature à la merci des fluctuations politiques.

Sans tenir compte des situations honorablement acquises, sur la simple demande de quelques députés de la gauche, il destitue, révoque aujourd'hui tout couramment les procureurs-généraux, les procureurs de la République comme on fait des préfets et des sous-préfets. Les faits sont patents et racontés partout. « L'opinion publique, dit textuellement l'organe de M. Gambetta, donnera son entière approbation aux révocations prononcées, et elle fera un accueil sympathique aux réintégrations opérées. »

Mais pour qu'il en fût ainsi, il faudrait qu'elle ignorât que les magistrats révoqués n'ont été désignés à la vengeance des radicaux que par leur énergie à défendre l'ordre social contre les agissements révolutionnaires ; que les magistrats républicains nommés aux postes rendus vacants par la volonté de M. le garde des sceaux, s'étaient depuis longtemps signalés à la faveur des radicaux par une sorte de complicité dont ils obtiennent aujourd'hui la récompense. C'est ainsi que la magistrature, diffamée par la mauvaise presse, est atteinte dans son honneur, dans son indépendance par le langage et les actes du cabinet du 13 décembre.

Grâce au projet de loi relatif aux délits et contraventions commis du 16 mai au 14 décembre 1877, par la voie de la parole et de la presse et par tout autre moyen de publication, M. Dufaure arrête le bras de la justice et demande l'impunité pour ceux qui, durant six mois, ont déblatéré contre le gouvernement, contre le président de la République et contre la religion.

C'est à bon droit que M. Lenglé a montré que ce projet n'avait aucun des caractères qui constituent réellement l'amnistie, mais une œuvre de parti, une mesure révolutionnaire. « Au lendemain des révolutions, a dit l'honorable député, que fait-on en général? On ouvre les prisons, et c'est ce qui s'est passé au 4 septembre, où nous avons vu mettre en liberté des hommes que l'on a malheureusement retrouvés plus tard dans nos troubles civils. Eh bien ! vous délivrez vos prisonniers en ce moment, vous donnez à la délivrance une forme légale, voilà tout (1). »

« La conservation des deux dates, s'écrie M. Rouher, détruit le caractère de cette mesure et en fait une loi de représailles contraire à tous les principes et de nature à détruire l'apaisement qu'on poursuit.

» Les premières amnisties, sous la Convention, étaient pleines de réserves et de restrictions.

» A l'époque grandiose du Consulat, il yeut une amnistie qui ne fut pas encore complète ; il en fut de même sous la Restauration et sous le gouvernement de Juillet.

» Le décret de 1859 est le seul qui ait proclamé une amnistie générale.

» Quant aux législations spéciales, elles prononcent toujours une amnistie complète pour tous les délits qui

---

(1) Séance du 24 janvier 1878.

font l'objet de la mesure. Jamais elle n'a été restreinte aux délits commis de telle à telle date. Il est arrivé qu'on ait amnistié des faits insurrectionnels qui se limitent eux-mêmes ; mais cette limite n'est déterminée que par la nature des faits, et non par la volonté du législateur. La loi, dit M. le rapporteur, est une loi de réparation et d'apaisement. On veut effacer tout ce qui s'est passé du 16 mai au 14 décembre, et l'on ajoute que tous les partis en profiteront. Et, en effet, comment aurait-on pu décider que les délits commis par d'autres que les républicains pourraient encore être poursuivis ? Est-ce là une concession ?

» Pourquoi donc arrêter à volonté le flot de l'apaisement ? Des délits ont été commis avant le 16 mai, et l'on peut les reprendre pendant trois ans. Il a pu en être commis depuis le 14 décembre. Des offenses ont pu être dirigées contre le chef de l'Etat, à l'occasion de son dernier manifeste par ceux mêmes qui avaient défendu le premier.

» Veut-on se réserver le droit de poursuivre ceux-là ? On ne fera réellement une œuvre de réparation et d'apaisement qu'en proclamant l'amnistie pour tous les délits de presse sans distinction de date (1). »

On sait encore que, contrairement à tous les principes les plus élémentaires du droit, le projet d'amnistie, préparé par M. Dufaure, et voté par la Chambre, remarque l'*Univers* (2), porte directement atteinte aux droits privés des citoyens, lesquels, bien que diffamés par un journal, perdraient, d'après cette loi, le droit de se faire rendre justice par les tribunaux.

---

(1) Séance du 24 janvier 1878.

(2) Voir l'*Univers* du 1er février 1878.

A cette occasion, l'on a remarqué que les deux seules lois d'amnistie qui aient, contrairement à tout droit, déclaré l'action civile éteinte, sont la loi du 22 août 1793 par l'amnistie du 14 septembre 1791, et la loi du 19 germinal an IV par l'amnistie du 4 brumaire.

Lorsque le maréchal de Mac-Mahon, dans un moment de faiblesse dont il faut peut-être autant le plaindre que le blâmer, dit l'*Univers,* « s'est livré à la gauche de la Chambre des députés, il a essayé de sauver les affaires étrangères, la marine et la guerre, c'est-à-dire la grandeur extérieure et la sécurité intérieure de la France. Ses efforts ont été inutiles pour les affaires étrangères et la marine. Pour la guerre, il a été plus heureux : S'il n'a pu conserver le général de Rocheboüet, il a évité les généraux que la gauche prétendait lui imposer et prit le général Borel. Il conservait ainsi la citadelle, au moment où il livrait avec lui-même les remparts de la ville.

» Hélas ! celui-là même auquel le Maréchal avait fait l'honneur de lui confier la citadelle, son dernier espoir, l'a livrée sans même tenter un essai de résistance. Dès les premiers jours il frappait le général Bressoles pour plaire aux radicaux. A ce sacrifice dédaigneusement reçu, il ajoutait bientôt le changement du général Ducrot, et l'on voyait un de nos meilleurs généraux relégué dans un comité mixte de travaux publics, placé sous la haute direction de M. de Freycinet. Puis, c'était la gendarmerie qui était mise au service et livrée à la discrétion des délégués de la commission d'enquête, ses pires ennemis.

» Hier enfin, deux officiers supérieurs, coupables d'avoir rempli consciencieusement leurs devoirs à Nantes, étaient blâmés par le ministre de la guerre en termes tels que le citoyen Laissant déclarait que le général Borel avait « dépassé ses espérances (1). » Tels sont, vis-à-vis de l'armée, les débuts de la République parlementaire, délivrée par le gouvernement du 13 décembre, de toutes les entraves constitutionnelles et légales qui avaient contenu jusqu'ici son essor.

Quant à M. de Marcère, il a tant changé de programme en sa vie publique, qu'on ne peut guère compter sur la sincérité de ses opinions, ni bien le définir. Nous rappellerons cependant que l'année dernière, étant au ministère de l'intérieur, il fit mille efforts pour entraver l'avenir de l'Université catholique de Lille ; que, cette année, lors des réceptions ministérielles, à l'occasion du premier jour de l'an, il a donné à entendre que toutes les libertés de mal faire, par la parole et par la plume, sont assurées de trouver auprès de lui aide et protection.

Pour nous, M. Waddington n'est pas non plus un inconnu : au commencement de cette brochure nous avons montré quelle était sa manière de voir par rapport à l'enseignement religieux dans les écoles.

Or, si M. Waddington ne traite pas mieux, au ministère des affaires étrangères qu'au ministère de l'instruction publique, les intérêts religieux, les catholiques seront dispensés de lui dire merci.

« La dévolution du portefeuille des affaires étrangères à M. Waddington, dit le *Réveil,* est tout un programme significatif sur la question papale. »

En effet, l'*Union de Vaucluse* signale un fait qui confirme la manière de voir du *Réveil:* « Il s'agit du *Kléber,* ce navire que le gouvernement français décla-

---

(1) Voir l'*Univers* du 27 janvier 1878.

rait tenir à la disposition du Saint-Père dans les eaux de la Corse. Il y a déjà longtemps qu'il n'y stationne plus. Après avoir couru de port en port sur les côtes de la Provence, le voilà qui vient d'être attaché comme mouche à l'escadre de la Méditerranée en remplacement du *Boursaint,* qui est envoyé dans les échelles du Levant. Par conséquent, la mission du *Kléber* est terminée ; le Pape n'a plus à cette heure une barque française à sa disposition : c'est un protestant anglais, ministre des affaires étrangères en France, qui l'a décidé (1). »

Dans une correspondance qui lui est adressée de Londres, la *Décentralisation* publie l'information suivante, dont nous lui laissons la responsabilité, tout en désirant qu'elle soit confirmée :

« Le gouvernement anglais vient de donner avis au Vatican qu'il fera stationner, dans un port de son choix, un bâtiment de guerre qui sera à la disposition du Saint-Père. Cette décision a été prise en apprenant que M. Waddington avait cru devoir retirer le *Kléber* (2). »

Le *Républicain* n'est pas moins satisfait du choix de ce ministre : « La nomination de M. Waddington, un protestant, au ministère des affaires étrangères est, dit-il, une assurance que notre politique extérieure ne sera plus livrée au hasard des influences de sacristie, et que les intérêts de notre patrie ne seront pas sacrifiés aux convoitises et aux rancunes cléricales (3). »

Effectivement, alors que le Souverain-Pontife refusait les basiliques de Rome pour les obsèques de Victor-Emmanuel, usurpateur des Etats de l'Eglise et traître à

---

(1) Cité par l'*Univers* du 27 janvier 1878.

(2) Voir l'*Univers* du 6 février 1878.

(3) Voir l'*Univers* du 16 décembre 1877.

la France, M. Waddington faisait représenter la patrie à cette funèbre cérémonie.

Nous ne dirons rien de M. l'amiral Pothuau, ministre de la marine, officier-général fourvoyé dans la queue de M. Gambetta, ni enfin des autres ministres, car il nous tarde de conclure.

La France a et paie des ministres pour soutenir à l'intérieur et à l'extérieur ses droits et ses intérêts, c'est-à-dire les droits et les intérêts de tous ses enfants ; l'esprit de parti est donc contraire à l'existence même du cabinet. Par esprit de parti on entend l'union de plusieurs personnes contre d'autres qui ont un intérêt contraire.

Or, du moment que la majorité de la Chambre, érigée en Convention, foule impudemment aux pieds les intérêts des conservateurs et des catholiques ; qu'elle décime, tyrannise, opprime la minorité ; qu'elle invalide à outrance les élections conservatrices, sans que le gouvernement élève la voix, dans une discussion où son honneur n'est pas moins en cause que la moralité du suffrage universel et l'équité des décisions de la Chambre, on est en droit de demander si la France possède réellement un ministère. Quand on voit enfin la justice, l'administration, l'armée subordonnées aux caprices, aux vengeances des radicaux, on serait tenté de croire que MM. les ministres sont les très-humbles serviteurs d'un parti plutôt que les serviteurs de la France.

DIXIÈME DANGER :

LA CAPITULATION DU MARÉCHAL.

Notre cœur saigne et notre main tremble en écrivant le titre de ce chapitre que nous voudrions pouvoir remplacer par un autre moins humiliant pour le Maréchal et plus consolant pour la France ; malheureusement, l'acte de cette capitulation est sous nos yeux ; il nous est impossible d'en méconnaître la portée.

Avant la guerre de 1870, bien avant, par conséquent, les désastres de Sedan, des cartes géographiques, sur lesquelles l'Alsace et la Lorraine étaient passées au bleu de Prusse, circulaient sans que personne, en France, ne s'en préoccupât. Cette rectification de frontières, tracée sur le papier d'abord, est devenue, comme on sait, une triste réalité.

De même entendions-nous répéter sans cesse dans le camp des gauches : « *Il faut que le Maréchal se soumette ou se démette.* » A vrai dire nous prenions ces paroles pour de la fanfaronnade ; d'autant plus que, de son côté, le Maréchal disait : « *Mon devoir grandit avec le péril. — J'y suis, j'y reste.* »

Sachant que le Maréchal avait trop de loyauté pour transiger avec son devoir, avec sa conscience, les gauches, afin de l'intimider et de triompher plus sûrement de ses répugnances, eurent recours à des moyens détournés qui réussirent à merveille. Elles mirent à la charge du gouvernement la stagnation des affaires ; — pétition de la rue du Sentier ; — visite des commerçants à l'Elysée ; — adresses exportées en province et réimprimées à Paris ; — demande d'une enquête ; tout fut mis en œuvre afin de convaincre le Maréchal, qui, à l'exemple de saint Thomas, devait être incrédule jusqu'à nouvel ordre.

Dans cette conjecture un devoir lui incombait ; pour ne l'avoir pas rempli, le Maréchal est devenu le prisonnier des gauches ; il devait, en effet, faire connaître au pays le genre de commerce que faisait chaque signataire ; l'importance de ce commerce ; le nombre d'ouvriers qu'ils occupaient et quels.étaient les antécédents politiques de ces auxiliaires du parti radical. Il le pouvait d'autant mieux que les négociants de la rue du Sentier, avaient jugé à propos de se constituer les représentants du commerce français ; qu'ils avaient adressé une véritable sommation au Maréchal. Alors on aurait vu qu'un grand nombre d'entre eux n'occupaient dans le commerce qu'un rang bien secondaire ; on aurait vu encore que c'était un coup monté contre le gouvernement.

Assurément, si les gauches demandaient une enquête, ce n'était pas dans l'intérêt du commerce, c'était pour dissimuler aux esprits la véritable cause de la crise, afin de les maintenir dans la fausse persuasion que l'acte politique du 16 mai était seul responsable de ce grand malaise.

Il ne fallait pas non plus laisser à la presse la liberté de faire apparaître le spectre de la faim et de surexciter les passions par d'odieux mensonges.

A la vue des menées radicales le gouvernement devait se rappeler la manière dont se fit la révolution de février 1848 ; il était temps encore de conjurer la mal.

« L'opposition voulant obtenir, disait-elle, un simple changement de ministère, organisa, sous prétexte de réforme électorale, une agitation qu'elle déclara pacifique et légale. On signa des pétitions, on tint des réunions et l'on fit des banquets. Le banquet devint même la forme préférée du mouvement. Il y en eut partout.

» Les républicains qui avaient eu l'initiative de l'agitation, ne cessèrent pas d'y prendre une part très-active, mais ils eurent l'habileté de s'effacer, dit M. Eugène Veuillot. Le centre gauche d'alors, que l'on appelait aussi le tiers-parti, eut en apparence le premier rôle ; ses chefs présidaient les banquets, ses orateurs prononçaient les discours d'apparat, portaient les principaux toasts et faisaient à la Chambre les propositions importantes. Cela rassurait les bourgeois et les entretenait en nombre dans le mouvement. Ils banquetaient avec passion et criaient à pleins poumons : Vive la réforme ! Plaintes, pétitions et discours se résumaient à dire que les affaires allaient mal par suite des inquiétudes que la résistance des ministres du Roi jetait dans le pays, mais que l'on serait sauvé si le Roi, entrant dans la voie des concessions, formait un ministère libéral.

» Le commerce parisien finit par se mettre presque tout entier dans ce mouvement, dont la bourgeoisie libérale et semi-conservatrice croyait rester maîtresse. Les de Marcère, les Léon Renault et les Germain de ces temps-là étaient convaincus que tout ce travail se faisait à leur profit.

» On sait la suite ; quand les esprits furent bien surexcités, les républicains, qui sont aujourd'hui les radicaux, se montrèrent et firent maison nette. Les importants du centre gauche, les nigauds de la bourgeoisie et du commerce parisien furent en un clin-d'œil culbutés avec le Roi. Il n'y eut plus de gouvernement et plus d'affaires. La bourgeoisie et le commerce se jetèrent dans la réaction, à la suite des hommes d'Etat si bien dupés et toujours importants, toujours ridicules aussi, du centre gauche.

» Nous eûmes la vraie République avec les journées de juin et d'autres journées, et de gros impôts, et pas du tout d'affaires. Le coup d'Etat couronna l'édifice. Les bourgeois, y compris les commerçants de la rue du Sentier, qui avaient crié comme des sots : vive la réforme ! crièrent vive l'Empereur!

» La campagne actuelle des réunions et pétitions pour la reprise des affaires par l'avènement d'un ministère républicain, rappelle parfaitement la campagne réformiste de 1848. Les mêmes acteurs, sous d'autres noms, sont en tête et dans les coulisses (1). » Le gouvernement, pour avoir négligé d'arrêter le flot révolutionnaire, a été submergé par lui ; le message du 13 décembre en est une preuve visible.

« Les élections du 14 octobre ont affirmé une fois de plus la confiance du pays dans les institutions républicaines, dit le Maréchal.

» Pour obéir aux règles parlementaires, j'ai formé un cabinet choisi dans les deux Chambres, composé d'hommes résolus à défendre et à maintenir ces institutions par la pratique sincère des lois constitutionnelles.

» L'intérêt du pays exige que la crise que nous traversons soit apaisée. Il exige, avec non moins de force, qu'elle ne se renouvelle pas.

---

(1) Voir l'*Univers* du 14 décemhre 1877.

» L'exercice du droit de dissolution n'est, en effet, qu'un mode de consultation suprême auprès d'un juge sans appel, et ne saurait être érigé en système de gouvernement.

» J'ai cru devoir user de ce droit et je me conforme à la réponse du pays.

» La Constitution de 1875 a fondé une République parlementaire en établissant mon irresponsabilité, tandis qu'elle a institué la responsabilité solidaire et individuelle des ministres.

» Ainsi sont désormais nos devoirs et nos droits respectifs, l'indépendance des ministres et la condition de leur responsabilité nouvelle.

» Ces principes, tirés de la Constitution, sont ceux de mon gouvernement. — La fin de cette crise sera le point de départ d'une nouvelle ère de prospérité.

» Tous les pouvoirs publics concourront à ce développement.

» L'accord établi entre le Sénat et la Chambre des députés, assurée désormais d'arriver régulièrement au terme de son mandat, permettra d'activer les grands travaux législatifs que l'intérêt public réclame.

» L'Exposition universelle va s'ouvrir ; le commerce et l'industrie vont prendre un nouvel essor.

» Nous offrirons au monde un nouveau témoignage de la vitalité de notre pays, qui s'est toujours relevé par le travail, par l'épargne et par son profond attachement aux idées de conservation, d'ordre et de liberté (1). »

Donc, le Maréchal n'a plus rien à concéder à la majorité de la Chambre ; il a fait une soumission pleine et entière, et en se soumettant, il a livré la France à la

---

(1) Message du 13 décembre 1877.

faction républicaine, laquelle est maîtresse du pouvoir. Si cette faction désire quelque chose de plus, c'est que le Maréchal s'en aille et que le Sénat disparaisse avec lui. Là est le point de mire de ses tentatives actuelles.

Naguère, dans un grand banquet, à Belleville, donné en son honneur, M. Gambetta disait : « Savez-vous à quoi je crois, messieurs? je crois que si nous continuons, si nous persévérons à obéir aux volontés du pays, à pratiquer une politique d'ordre, de réflexion, de sagesse, de concorde et de progrès, ce n'est pas la résistance du Sénat qui se prépare, c'est au contraire la capitulation du Sénat (1). »

Donc, selon M. Gambetta, le Sénat ne compterait déjà plus pour la résistance.

« Nous aurions compris la démission du Maréchal, dit le *Réveil;* il nous est impossible d'admettre cette passivité constitutionnelle, qui nous rappelle Louis XVI coiffé du bonnet phrygien par Legendre, dans la journée du 10 août. »

« L'opinion unanime, dit le *Bien public,* en parlant du présidént de la République, c'est que jamais un homme n'a donné à quelques heures d'intervalle un pareil démenti à ses affirmations précédentes. Après une semblable déclaration, on comprend difficilement que le Maréchal reste à son poste. C'est là la soumission sans pudeur. »

Tel que l'huissier intime, dans le délai voulu, au locataire, l'ordre de déménager ; tel aussi le *Réveil* et le *Bien public* font, dans ce cas, auprès du chef du pouvoir exécutif. Or, si M. le maréchal de Mac-Mahon veut avoir le temps nécessaire de faire ses malles, il est ur-

---

(1) Voir l'*Univers* du 27 janvier 1878.

gent qu'il les commence de suite. D'après l'*Estafette,* certaines mairies le feraient déjà passer, en effigie, par la fenêtre (1).

Il eut beaucoup mieux valu, pour M. le Maréchal, de quitter le pouvoir avant le 13 décembre, que de le garder, en reniant ses promesses, en sacrifiant ses fonctionnaires et en livrant l'armée. Du moins, en se retirant, il aurait pu dire avec François Ier : « *Tout est perdu fors l'honneur.* » Mais aujourd'hui, il n'est plus temps ; son dernier message le frappe dans son honneur, dans son autorité personnelle et l'annule comme chef du pouvoir. Le Maréchal, en effet, s'est constitué prisonnier des gauches.

La soumission du Maréchal « ce n'est plus l'abdication de Fontainebleau, dit l'*Assemblée Nationale,* n'atteignant que le chef de l'Etat ; mais c'est le sacrifice du parti tout entier des conservateurs jeté en pâture aux révolutionnaires, en attendant le règne de la terreur. »

Cet acte, encore, a fortement amoindri la fonction du Sénat et diminué son prestige. — Il modifie ses droits et trouble les rapports des pouvoirs entre eux. — Pour la France, enfin, c'est le commencement du désastre ; c'est un effondrement matériel et moral sans précédent dans l'histoire.

Après cela, nous ne devons pas être étonnés si, tant de nobles cœurs ont protesté, avec indignation, contre le message du 13 décembre. Prêtons l'oreille aux mâles et plaintifs accents de M. de Biancourt, alors préfet de Moulins.

---

(1) Le nouveau Conseil municipal de Foissac (Var) a pris possession de son poste en jetant par la croisée le buste du Maréchal, qui s'est brisé en mille pièces. (Voir l'*Univers* du 8 février 1878).

« Moulins, 14 décembre.

Monsieur le Maréchal,

Une dépêche officielle, reçue à l'instant, m'apprend la constitution d'un ministère de gauche.

J'ignore si vous avez stipulé, en acceptant vos nouveaux conseillers, quelques garanties pour les intérêts des agents que vous aviez promis de défendre.

Au cas où de telles réserves existeraient, mon intention n'est point d'en profiter.

Bien que je ne me sois pas engagé, Monsieur le Maréchal, par une déclaration affichée sur les murs des 317 communes de l'Allier, « à ne » jamais me soumettre aux exigences de la démagogie, » je ne me sens pas homme à m'incliner à vos côtés devant nos ennemis triomphants.

Déjà quand, après les élections du 14 octobre, s'est répandu le bruit, non démenti, de vos hésitations, j'ai prévenu M. de Fourtou de vous faire agréer ma démission. Cette démission, je l'ai renouvelée à Paris, le 21 novembre, en présence de trois de mes collègues.

L'assurance à nous donnée par M. le Ministre, que vous n'abandonneriez pas la politique de vos manifestes, m'a seule déterminé à rentrer provisoirement à Moulins.

Profondément attaché aux idées conservatrices qui vous ont porté au pouvoir, je vous ai servi sans illusion, Monsieur le Maréchal, mais avec un entier dévouement.

Vous rendez la continuation du dévouement impossible à qui prétend garder, à cette heure de défaillance, quelque souci de sa dignité.

Le jour, sans doute prochain, Monsieur le Maréchal, où vous subirez la présidence de la république radicale ; où votre main privée d'armes essayera vainement de disputer aux communards grâciés par vous, vos soldats du 24 et du 16 mai, et les fonctionnaires fidèles que n'ont point intimidés de vaines menaces, je veux du moins tomber l'honneur sauf et finir en gentilhomme.

Je laisse donc, à dater de cette heure, Monsieur le Maréchal, l'administration du département, et vous prie de me désigner un successeur.

Je suis, etc. »

Mais pour la majorité du Corps législatif, ce n'est point assez d'avoir l'assurance « *d'arriver régulièrement au terme de son mandat,* » elle veut de plus arracher au Maréchal, un à un, tous ses priviléges.

Si le projet de loi sur l'état de siége, déposé, sur le bureau de la Chambre, par M. Franck-Chauveau, est adopté, le président de la République ne pourra désormais déclarer l'état de siége, même provisoire, qu'en cas de péril imminent, résultant d'une guerre étrangère ou d'une insurrection à main armée.

Dernièrement encore, la majorité radicale, se conformant aux propositions que lui apportait la commission du budget, a décidé que dorénavant, lorsque la Chambre serait ajournée ou dissoute, le gouvernement ne pourrait plus, pour aucun motif, ouvrir des crédits d'aucune sorte. Or, dit l'*Univers,* si l'on examine froidement les choses, il n'est pas douteux que cette résolution, d'apparence budgétaire, est réellement une résolution politique, dont le but évident est d'imposer des conditions nouvelles au droit absolu que la Constitution confère au président de la République relativement à la dissolution.

D'ailleurs on a souvenir des protestations indignées que soulevait naguère le fameux comité de jurisconsultes des gauches, lorsque, pendant la dissolution, le gouvernement avait ouvert, dans les formes voulues, c'est-à-dire après avis du Conseil d'Etat, des crédits indispensables. En ce temps-là les politiciens des gauches soutenaient à grand fracas que le texte de la loi dont se prévalait le gouvernement ne visait que la prorogation, mais ne pouvait en aucun cas, se référer à la dissolution. Mais il est manifeste, et c'était l'avis du Conseil d'Etat, que dans le silence de la loi, ce qui était accordé pour la prorogation l'était *à fortiori* pour la dissolution. C'est à quoi les radicaux ont voulu remédier (1). Quoiqu'il en soit, comme le paon, M. le Maréchal perd, une à une, ses plus belles plumes, mais sans profit pour lui ni pour la France. C'est que, comme avant le message du 13 décembre, l'industrie et le commerce sont en souffrance, le vote du budget est sur le tapis et l'avenir gros d'orage.

La source première des calamités qui pèsent actuellement sur la patrie se trouve à Bordeaux. La République est ce qui nous divise le moins, disait, dans cette ville, M. Thiers, où cet habile diplomate venait de prendre subrepticement le titre de président du gouvernement de la République. Jusqu'à cette heure, dans l'Assemblée nationale, il n'avait pas été question de République ; il a fallu toute l'habileté de ce fin diplomate pour faire accepter ce mot qui ne compromettait rien en apparence, mais qui, en réalité, compromettait tout : les députés de ce temps peuvent le voir maintenant et reconnaître la sagesse de ces paroles de la sainte Ecriture : « *Qui spernit modica paulatim descidet.* »

Depuis cette époque le mot République s'est acclimaté en France, où il a fini par obtenir droit de cité. Que dis-je ! il met aujourd'hui à la porte des affaires du pays ceux qui lui ont donné si maladroitement l'hospitalité. De même, craignons-nous vivement que le Maréchal, après avoir donné à la Chambre un pied chez lui, ne soit forcé de lui céder définitivement la place. Après l'Exposition, qui vivra verra. Attendons.

----

(1) Voir l'*Univers* du 3 février 1878.

ONZIÈME DANGER :

LA MARCHE DES AFFAIRES EN EUROPE.

A cette heure la France, impuissante et silencieuse, assiste à un des plus sombres spectacles qu'offre l'histoire. La paix est troublée partout, parce qu'il n'y a plus de droit aujourd'hui, lequel fait place au nombre, à la force matérielle et aux faits accomplis. Telle est la cause de la perturbation générale des Etats en Europe.

Les politiques des grandes agglomérations, à l'ordre du jour, qui se résume en ces mots : Prenez de votre côté et je prendrai du mien, brise l'équilibre européen, indispensable cependant à la tranquillité du monde.

De même qu'au sein des ondes les gros poissons font la chasse aux petits poissons qu'ils dévorent, ainsi la Russie, la Prusse et l'Italie font la guerre aux petits Etats, qu'elles absorbent au mépris de tous droits, de toute justice.

Mais une fois les petits royaumes dévorés, les grands Etats se mangeront nécessairement entre eux ; heureux celui qui aura meilleur appétit et qui sera le plus fort.

La France et l'Autriche, du train dont vont les choses, sont exposées à faire les frais du futur festin que l'Italie et la Prusse préparent soigneusement déjà. Or, si la France passait, en partie, dans un avenir plus ou moins prochain, par le gosier de ces nouveaux Gargantuas, à qui la faute ? Pourquoi a-t-elle fait l'unité italienne ? Ne valait-il pas mieux pour elle avoir pour voisins de petits Etats, qu'un royaume de 28 millions d'habitants ? D'autre part, sans l'unité italienne, l'unité allemande , qui nous expose aux plus grands dangers, n'existerait pas. Pour avoir donc constitué le royaume d'Italie, et avoir laissé prussianiser l'Allemagne, Napoléon III a payé cher son imprévoyance et la France plus chèrement encore.

Vu l'état de désarroi de l'Europe , l'ambition des deux empires du Nord et du royaume d'Italie a beau jeu. La Russie veut être maîtresse en Orient, la Prusse veut être libre sur le Rhin et sur le Zūyderzée, l'Italie enfin soupire après le Tyrol, l'Istrie, la Dalmatie , la Savoie et Nice. Ainsi c'est la France et l'Autriche que la politique ambitieuse doit immoler sur ses autels.

Grâces à ses victoires, grâces surtout à la conformité d'intérêts et d'ambition qu'elle a avec la Prusse et l'Italie, la Russie est à la veille d'imposer à l'Europe ses volontés dans le réglement des affaires d'Orient. La mer Noire né sera plus, bientôt, qu'un lac russe avec le Bosphore et les Dardanelles pour annexes. Qui osera mettre, en effet, des bornes à ses convoitises ? La Turquie ? Mais elle est écrasée. — La France ? Mais la France, annulée par son isolement républicain, ne peut absolument rien. — L'Autriche ? Qui ne sait qu'elle est habilement contenue par l'Allemagne. — L'Angleterre ? Mais, par suite de sa politique hésitante, elle a tout compromis ; c'était immédiatement après la chute de Plewna qu'elle devait agir. — l'Allemagne ? l'Italie ? Mais l'Allemagne, mais l'Italie, disent à la Russie : « Faites, et faites vite, nous tenons l'Europe en échec. » Puis la théorie des faits accomplis sanctionnera , au gré de l'ambition moscovite, les avantages obtenus par les armées de l'empereur Alexandre. On criera ; mais les cris cesseront et la Russie, quand même, gardera sa proie.

Il y a, au-delà de nos frontières, de grands problèmes à résoudre et dont la solution intéresse la France, qui, par malheur, se désorganise, s'affaiblit de jour en jour, sous le régime républicain qui la tue. Il est fort à craindre que le drame qui se joue actuellement en Turquie ne se répète bientôt en Autriche d'abord, dont l'avenir est sérieusement menacé par le droit nouveau et par les théories soi-disant nationales, et ensuite en France, dont les frontières à l'Est sont toutes grandes ouvertes.

Qu'on demande « aux adeptes du panslavisme, du pangermanisme, du panroumanisme et du panserbisme, dit le *Journal des Débats,* ce qu'ils pensent de l'existence de l'Autriche. Ils répondront unanimement que c'est, aussi bien que l'existence de la Turquie, une monstruosité, un fait contre nature, un *attentat permanent* contre les droits sacrés des nationalités et des races (1). »

« Déjà les démolisseurs sont à l'œuvre, remarque l'*Univers,* enfonçant la hache dans toutes les fissures de cet édifice, composé de parties si diverses et si mal jointes. Ces démolisseurs travaillaient d'abord au nom de l'orthodoxie moscovite, et avaient déjà perverti la plus grande partie du clergé grec-uni de la Gallicie, qui devint une pépinière d'apostats. Leur propagande fut interrompue la veille de l'invasion russe en Turquie.

» La Russie tenait à ménager l'Autriche, dont l'intervention dans cette guerre aurait rendu tous ses projets impossibles, et le voyage de Mgr Jacobi à Léopol

---

(1) Cité par l'*Univers* du 27 janvier 1878.

écarta pour longtemps probablement les dangers d'une nouvelle propagande du même genre ; mais à cette propagande on en vit succéder immédiatement une autre sur une bien plus vaste échelle, — celle des panslavistes et des néhilistes combinant leurs efforts pour détacher de la monarchie des Habsbourg tous les Slaves qui en font partie. M. Aksakoff ne se gêne pas de leur lancer des proclamations pour les exciter contre le catholicisme, les engager à fonder des églises nationales et les enthousiasmer pour le futur empire panslave.

» On sait avec quelle explosion de joie les Telèches et les Dalmates ont salué la prise de Plewna, mais ce qui est plus significatif encore, c'est que le parti *vieux Telèches,* le plus important en Bohême, se dirige d'après les conseils du grand agitateur panslaviste. Il lui a demandé s'il doit entrer au Reichstadt ou continuer à s'abstenir, et M. Aksakoff lui a conseillé l'abstention. On avait cru longtemps que ces accointances des vieux Telèches avec les Russes n'étaient qu'une ruse politique de la part des premiers pour faire peur au gouvernement autrichien et obtenir de lui une plus large autonomie (1). »

A n'en pas douter, l'Autriche est grandement travaillée ; elle serait bien à plaindre, si l'Allemagne, de concert avec l'Italie, lui mettait la main dessus.

« L'Angleterre elle-même serait mortellement frappée, dit l'*Univers,* si l'Autriche venait à expirer entre une Allemagne de 70 millions d'âmes, maîtresse d'Anvers, et une Russie souveraine en Orient ; elle perdrait sa puissance maritime (2). »

Mais une fois la dislocation de l'Autriche accomplie,

---

(1) *Univers* du 25 janvier 1878.

(2) *Univers* du 26 janvier 1878.

la France pourra se demander à quand mon tour? Son tour arrivera après que la Prusse et l'Italie auront digéré un peu leur proie autrichienne; car leur œsophage, malgré ses vastes proportions, ne pourrait sans danger engloutir tout à la fois; il a besoin d'un instant de repos. Mais, pour attendre, la France n'est pas sauvée, si d'ici là sa politique intérieure ne s'améliore pas, si rien ne survient dans la politique extérieure de l'Europe et si elle ne se ménage pas des alliances.

DOUZIÈME DANGER :

LES COMPLICATIONS QUE PEUT CAUSER LA MORT DE PIE IX.

Un grand événement vient de jeter le monde catholique dans l'anxiété et la douleur ; cet événement, qui attire toute l'attention des souverains et des peuples, est la mort de Pie IX, vrai modèle des Pontifes et des Rois, le seul mortel de taille souveraine qui restât sur la terre.

Elu Pape à la mort de Grégoire XVI le 16 juin 1846, Pie IX expira dans la 86ᵉ année de son âge, le 7 février 1878, à cinq heures quarante-cinq minutes du soir, après avoir gouverné pendant trente-et-un ans, sept mois et vingt-deux jours l'Eglise de Dieu.

Son règne a été le plus long de l'histoire de la papauté ; il égale et peut-être surpasse tous les précédents par ses enseignements, par ses actes et par ses épreuves. Pie IX, le représentant du trône le plus auguste, et dans un sens le plus puissant de l'Europe, emporte avec lui dans la tombe les regrets des catholiques, avec l'estime et l'admiration de tout l'univers.

Malgré les grandes préoccupations de la politique au sujet des affaires d'Orient, la mort du Souverain-Pontife, loin de passer inaperçue, est regardée comme un événement d'une importance plus qu'européenne. A n'en pas douter, l'attention qu'on donne à cette mort, l'attention qui se porte déjà sur le futur Conclave, démontre clairement la force, la vitalité du catholicisme.

Qu'y a-t-il dans ce roi déchu et prisonnier, « dans ce Pape dont les enseignements sont écoutés avec

dédain par la moderne société, pour que ses paroles mettent en branle l'univers et que sa mort produise
un mouvement général de stupeur et de crainte? Il y a
chez lui ce qu'il n'y a chez nul chef de secte, dont les
paroles et dont la mort passent inaperçues pour chacun :
il y a l'esprit de Dieu qui s'impose à ceux-là mêmes qui
le nient ; il y a l'ombre de Pierre le pêcheur, dont le bâ-
ton blesse de mort les orgueilleux, relève les malheureux
et signale à chacun le chemin de l'éternité. Pie IX est mort,
mais le Pape est aussi immortel aujourd'hui qu'hier (1). »

Lui seul, sans armée, sans forteresses, sans capitale,
et ce sera son immortelle gloire dans l'histoire de l'humanité, n'a jamais cédé devant les exigences de la démagogie, ni devant les faits accomplis de la révolution
triomphante ; il a toujours agi avec une noble indépendance ; il a parlé avec fermeté aux Césars qui imposaient
en Prusse, en Russie et en Italie des fers à l'Eglise.

En un mot, Pie IX a vécu et il est mort en Pontife-
Roi : l'un des derniers actes de sa vie a été la protestation que le cardinal sous-secrétaire d'Etat a adressée,
en son nom, au corps diplomatique, à l'occasion de
l'avènement du roi Humbert. Tous les droits du Saint
Siége sont maintenus dans ce document, tous les attentats des usurpateurs de Rome condamnés. Si Pie IX,
en mourant, laisse à son successeur les chaînes du Vatican, du moins, il lui laisse l'Eglise fortement unie avec
une hiérarchie solidement constituée, prête à soutenir
de nouveaux combats.

Pie IX a été sublime jusqu'à sa dernière heure ; ne
pouvant plus parler, il bénissait encore l'Eglise du fond
de son cœur et avec sa main mourante. Jusqu'à son

---

(1) *La Fé*, citée par l'*Univers* du 12 février 1878.

dernier soupir, les efforts de toute sa vie ont tendu vers le bien du siége apostolique. Aussi, à cette heure suprême, il n'avait rien, absolument rien à rétracter ; quelle consolation pour lui ! Moins heureux que le Pontife-Roi, Victor-Emmanuel employa les deux dernières heures de sa vie à désavouer, à pleurer un passé qu'il ne put réparer. C'est ainsi que par de grands et de frappants exemples, Dieu instruit les maîtres du monde. Maintenant, ô rois, apprenez ; instruisez-vous, juges de la terre. « *Et nunc, reges, intelligite ; erudimini, qui judicatis terram.* »

« L'époque de Pie IX est finie, dit M. Louis Veuillot, celle de Jésus-Christ recommence toujours. » Si les papes meurent, la papauté ne meurt pas : elle ne tient, ni à la possession d'un territoire, ni à la vie d'un homme, mais à l'existence de l'Eglise qui est immortelle ; immortel aussi est le souverain pontificat.

En renversant le pouvoir temporel de l'Eglise, on croyait détruire, en même temps, son pouvoir spirituel ; mais Dieu, du haut du ciel, a déjoué ces calculs sacriléges. Le Saint Siége, privé de son trône terrestre, a continué, en effet, de régner sur les esprits et sur les cœurs. D'autre part, on se figurait qu'une fois Pie IX descendu dans la tombe c'en était fait de la papauté.

Eh bien ! tous les deux ont disparu, l'un pour toujours, et l'autre pour quelque temps seulement. Par là, Dieu veut montrer qu'il n'a besoin de personne pour soutenir son œuvre en ce monde ; que la conservation de son Eglise ne doit point être attribuée exclusivement au grand mérite et aux vertus du saint Pontife que nous pleurons.

Déjà le doigt de Dieu se montre touchant le sort de l'Eglise ; contrairement à toute prévision, Pie IX aura un successeur prochainement. L'Angleterre, la France, l'Autriche, l'Espagne et la Belgique emploient leur influence pour assurer l'inviolabilité du Vatican et garantir au Sacré Collége le libre exercice de ses droits pendant la durée du Conclave.

Contrairement enfin à bien des espérances, la mort de Pie IX n'ouvrira pas un nouvel ordre de choses dans le gouvernement de l'Eglise. Le nouveau Pontife, loin de donner la main au roi Humbert et de sceller avec lui la réconciliation entre la papauté et le royaume d'Italie, revendiquera tous les droits du Saint Siége, et protestera contre la spoliation des Etats de l'Eglise. Devant cet acte du chef suprême de l'Eglise, la révolution frémissante brisera peut-être ses dernières digues. Alors de nouveaux malheurs se déchaîneraient contre l'Eglise et contre la société.

Le gouvernement a fait savoir par l'officieuse *Agence Havas* qu'il *n'enverrait point* d'ambassadeur extraordinaire pour représenter la France aux funérailles du Saint-Père. « Le peut-on croire, dit l'*Univers?* Nous avons envoyé un ambassadeur extraordinaire aux funérailles de Victor-Emmanuel, auquel nous ne devions rien, qui nous devait sa couronne, qui, sans *casus belli,* a foulé aux pieds les conventions qui le liaient envers nous. Et l'on traite comme un personnage de second ordre le souverain de deux cents millions d'âmes, le chef spirituel de la grande majorité des Français ; notre protégé séculaire, la victime des trahisons que nous a infligées la déloyauté du gouvernement italien ! Est-ce qu'on oserait, je le demande, se conduire de la sorte et permettre une telle comparaison dans les relations entre personnes privées ??? (1) »

Nous laissons au lecteur le soin de tirer la conclusion.

---

(1) *Univers* du 14 février 1878.

CONCLUSION.

Après avoir signalé les principaux dangers de l'heure présente, il est opportun d'indiquer les moyens de les conjurer et de rendre à la France l'ordre et la paix dont elle a le plus grand besoin.

Trop souvent on fait connaître à l'homme ses droits sans lui parler de ses devoirs, ou bien encore on lui parlera de ses devoirs sans lui faire connaître ses droits ; dans le premier cas, on éveille en lui des sentiments d'indépendance, dans le second on le jette dans le découragement. La corrélation qui existe entre ces deux choses ne permet pas de les séparer. De même, à côté du mal, doit-on placer le remède et crier à celui qui souffre : courage ! courage !

Sans nous arrêter aux causes secondaires, qui aggravent le mal de la France, nous remonterons de suite à sa source première et nous dirons : que si la patrie est réduite à une aussi fâcheuse extrêmité, c'est pour avoir voulu, politiquement, se séparer de Dieu comme nation.

Dans les régions officielles, on paraît oublier qu'un peuple sans religion et sans Dieu est un prodige introuvable dans le monde. L'expérience démontre, en effet, qu'un peuple ne peut subsister sans croyances religieuses, sans établir des rapports avec la divinité ; sans que des liens le rattachent à elle ; lesquels liens de dépendance et d'amour ne sont autre chose que la religion. C'est pourquoi un sage de l'antiquité disait : qu'on bâtirait plutôt une ville dans les airs qu'on ne trouverait un peuple sans Dieu.

Or, du moment que des rapports sont nécessaires entre Dieu et l'homme, quels seront ces rapports ? Quel sera le culte que nous rendrons à la divinité ? Nous appartient-il de déterminer ces rapports ? de suite on voit que cela ne peut pas être ; car la raison humaine est trop bornée, trop sujette à l'erreur ; d'ailleurs, ce n'est point à l'inférieur à tracer les lois qui doivent le régir, et encore bien moins à les rendre obligatoires ou à les supprimer.

Mais, dira-t-on, la France gouvernementale ne cherche point à détrôner Dieu.

Alors pourquoi veut-elle la famille, l'école, l'atelier et l'Etat sans Dieu ? Pourquoi frappe-t-elle les lois du pays au coin de l'athéisme législatif ? Pourquoi supprime-t-elle le dimanche ? pourquoi prêche-t-elle le matérialisme et le plus grossier sensualisme ? pourquoi demande-t-elle la séparation de l'Eglise et de l'Etat ? Or, Messieurs les gouvernants, si vous ne voulez pas faire abstraction de Dieu, vous ne pouvez pas faire abstraction de la révélation, du Décalogue, de l'ordre surnaturel, de l'Eglise telle que Dieu l'a fondée par son Christ, telle que le monde civilisé l'a toujours reconnue. Vous ne pouvez donc pas, vous ne devez donc pas changer quelque chose ni dans la religion, ni dans la morale, ni dans la justice.

A bien prendre, le gouvernement qui met Dieu et la religion officiellement à la porte de l'Etat, signe sa propre déchéance. La preuve la voici : est-ce que 93, après avoir mis officiellement Dieu et la religion à la porte de la France, après avoir établi le culte de la déesse Raison, n'a pas guillotiné Louis XVI et baigné la France dans des flots de sang ? Est-ce qu'en détruisant les liens religieux, il n'a pas brisé les liens sociaux et précipité le pays au fond des abîmes ? Peut-il y avoir un ordre social sans hiérarchie sociale ?

« L'unité est l'essence de l'ordre, car l'objet de l'ordre est d'unir ; et la société même, dans sa notion la plus générale, n'est que la réunion des êtres semblables. Où il n'y a pas d'unité, il y a séparation, opposition, combat, désordre et malheur.

» Pour qu'il y ait unité sociale, il faut que chaque partie soit ordonnée par rapport au tout ; chaque individu par rapport à la famille ; chaque famille par rapport à la société particulière dont elle est membre, chaque société particulière, par rapport à la grande société du genre humain, et le genre humain lui-même, par rapport à la société générale des intelligences dont Dieu est le suprême monarque.

» L'idée même de l'ordre est contradictoire, si on ne remonte pas jusque-là. Car point d'ordre social sans pouvoir et sans sujets, sans le droit de commander et le devoir d'obéir. Or, entre des êtres égaux, il n'existe naturellement ni devoirs, ni droits, ni sujets, ni pouvoir ni par conséquent d'ordre possible ; et jamais on ne constituera de société seulement avec des hommes ; il faut que l'homme soit d'abord en société avec Dieu, pour pouvoir entrer en société avec ses semblables (1). »

On comprend d'autant moins la guerre impie faite à Dieu et à la religion par certains gouvernements, que Dieu, que la religion, à l'exemple du soleil qui éclaire les deux hémisphères, bénissent toutes les formes de gouvernement, pourvu toutefois qu'elles fassent respecter la loi divine.

Avec Dieu et la religion, la France, si éprouvée à l'heure présente, retrouvera infailliblement le bonheur et la paix à l'intérieur et son ancien prestige dans le monde ; avec Dieu, connu, aimé et fidèlement servi, elle aura un bon gouvernement, des lois justes, des sujets soumis.

Puisse le nom de la France être toujours uni à celui de Dieu ! Puissions-nous crier tous ensemble : vive Dieu ! vive la France !

Ciez , ce 14 février 1878.

---

(1) *Essai sur l'Indifférence*, t. I, chap. 10, page 331.

TABLE

Douai (Nord). — L. Déchristé, imprimeur breveté, rue Jean-de-Bologne.